in Harmonie mit
ENGELN

„Sähen wir das wahre Angesicht eines Engels, wir würden vor Seligkeit wohl vergehen.“
Die Heilige Birgitta von Schweden

in Harmonie mit
ENGELN

Angela McGerr

Illustrationen von Richard Rockwood

KOHA-Verlag

Dieses Buch ist für alle, die den Weg der Liebe und des Lichts durch Hoffnung, Mut, Wahrheit, Schönheit, Weisheit, Harmonie und Heilung suchen.

DANKSAGUNGEN DER AUTORIN

Ich möchte dieses Buch folgenden Menschen widmen:

- Meinem Mann Barry und den Kindern Fleur und Guy, die mit meinen plötzlichen totalen Verwandlungen von einer Geschäftsfrau in eine Heilerin und Engelkundige umgehen mussten.
- Meiner Schwester Joanna, die mich zuerst mit dem Regenbogenweg der Heilung und der Engel bekannt machte und mich dann davon überzeugte, ihm zu folgen.
- Meiner Schwester Fiona, die schon vor all dem von ihren gartengestalterischen Inspirationen sprach.
- Renya James, die dabei half, die ersten Türen der Liebe und des Lichts zu öffnen.
- Meinen Verlegern, vor allem Anne Furniss, die an mich glaubte und bei der Entwicklung dieses Buches von unschätzbarer Hilfe war.
- Meinem Illustrator Richard Rockwood, der sich von den Engeln bei der Erschaffung seiner wunderbaren Kunstwerke helfen ließ.
- Vor allem jedoch danke ich den Engeln und aufgestiegenen Meistern, die mich Schritt für Schritt durch dieses Projekt führten, welches aus meiner eigenen spirituellen Reise zur Erleuchtung entstanden ist. Sie unterstützten nicht nur meine Recherchen mit unglaublichen Synchronizitäten, so dass ich immer dass nächste Stück des Puzzles fand, sondern versorgten mich auch in meinen Meditationen mit vielen Informationen, die in diesem Buch enthalten sind.
- Besonders dankbar bin ich Seraphiel, Ezekiel und Cassiel, die mir am Anfang so sehr zur Seite standen, und Raphael, Haniel, Michael und Melchisadek, die mich jetzt mit neuen und faszinierenden Projekten unterstützen.

Übersetzung: Nayoma de Haën
Lektorat: Delia Rösel
gedruckt in China

Inhalt

Präsentation der Engel

„Alles, was in dieser Welt sichtbar ist, steht unter dem Schutz eines Engels."
Hl. Augustinus

Warum dieses Buch? Weil die Engel mein Leben auf vielfache, wunderbare Weise verändert haben und ich davon überzeugt bin, dass sie auch Ihr Leben verändern können – wenn Sie es ihnen erlauben!

Dieses Buch will drei Arten von Lesern ansprechen. Zum einen ist es für all diejenigen, die von dem Gedanken an Engel generell fasziniert sind und so viel wie möglich über sie erfahren wollen. Wir hoffen, dass auch begeisterte „Kenner" hier noch Neues finden, was der Erwägung wert ist. Zum Zweiten gibt es viele Menschen, die Hilfe, Rat und Trost brauchen, um mit dem alltäglichen Stress oder persönlichen Schwierigkeiten umzugehen. Vielleicht fühlen Sie sich gerade nicht gut und meinen, die ganze Welt hätte sich gegen Sie verschworen. In diesem Buch finden Sie Informationen zur Selbsthilfe, praktische Übungen, Visualisierungen, Rituale und Meditationen, die Ihnen helfen können, wieder Ruhe und Harmonie in Ihr Leben zu bringen. Vielleicht gehören Sie zur dritten Gruppe und suchen nach Werten im Leben, die über Materialismus und Habgier hinausgehen. Sie sehnen sich nach Spiritualität, wissen aber noch nicht so recht, was, wie und wo, da Ihnen die etablierte Kirche nicht zusagt. Wenn Sie lernen mit den Engeln zu kommunizieren, werden Sie nie wieder einsam sein oder ohne spirituelle Führung, denn Sie können die Engel jederzeit um Hilfe bitten und ihrer bedingungslosen Liebe zuteil werden.

Die Informationen in diesem Buch stammen nicht aus der christlichen Bibel. Dort werden nur drei Engel erwähnt: Michael, Gabriel und Raphael. Das sind bedeutende Engel, doch der größte Teil unseres Wissens stammt aus anderen alten Texten. Engel transzendieren die einzelnen Religionen. Sie werden in persischen, christlichen, jüdischen und islamischen Schriften erwähnt. Das Wort „Engel" stammt von dem griechischen Wort angelos (Bote). Neben unserem Schutzengel, der uns jederzeit zur Seite steht, gibt es noch Hunderte von anderen Engeln für spezifische Situationen, die wir um Hilfe bitten können.

In der Vergangenheit glaubten die Menschen fest an die Hilfe der Engel. Dieser Glaube ging verloren, doch er wird zur Zeit wiederentdeckt. Eine Quelle dieses Glaubens sind die Essener. Vor etwa zweitausend Jahren lebte in Qumran am Toten Meer die religiöse Sekte der Essener. Aus manchen Quellen lässt sich schließen, dass Jesus ein Essener war. Auf jeden Fall waren die Essener geschickte Heiler. Sie glaubten, dass es zum Wohlbefinden nötig sei, sich physisch und spirituell in Einklang zu bringen und dass die tägliche Kommunion mit den Engeln der rechte Weg dazu sei. Man nimmt an, dass die Essener die meisten, wenn nicht alle Texte der Qumran-Rollen verfasst haben. Die Engel dieses Buches stammen aus diesen und anderen alten Textquellen.

Was genau sind Engel? Dieses Buch handelt nicht von gefallenen Engeln oder Dämonen. Für unsere tägliche Unterstützung habe ich nur jene Engel aufgeführt, die als die Strahlenden, die Lichtwesen oder als der Atem Gottes (Spiritus Dei) bezeichnet werden.

Anders als die Geistführer, die einmal inkarniert waren und jetzt in geistiger Form den Menschen zur Seite stehen, waren Engel in der Regel nie in menschlicher Form verkörpert. (Es gibt ein paar Ausnahmen von dieser Regel, so sagt man z.B. dass der heilige Franziskus nach seinem Tod zum Engel wurde.)

Engel sind also reine Geistwesen, die im Äther leben, dem fünften Element neben Erde, Feuer, Wasser und Luft. Sind sie männlich oder weiblich? Wir wissen es nicht – manche sind so – und manche so. Vielleicht sind sie androgyn oder wir entscheiden es selbst. Sie sind immer um uns, aber sie können nur eingreifen, wenn wir sie darum bitten – deshalb dieses Buch.

Dieses Buch soll Ihnen Einblick geben in die liebevolle Welt der Engel. Es bleibt Ihnen überlassen, ob Sie diese offene Tür durchschreiten oder daran vorbeigehen wollen. Bitten Sie Tabris, den Engel des freien Willens, Sie zu der für Sie richtigen Entscheidung zu führen. Wenn Sie sich, so wie ich, entscheiden sollten, die Engel in Ihr Leben einzuladen, fangen Sie heute damit an! Lesen Sie weiter, lernen Sie, vertrauen Sie und der Segen des Weges des Lichts und der Liebe wird Ihnen zuteil werden.

Anrufung der Engel

Engel helfen Ihnen immer und überall – Sie brauchen sie nur, mit Liebe und Vertrauen im Herzen, zu bitten. Ob Sie sich nach einer liebevollen Partnerschaft sehnen oder nach Wohlstand und Erfolg, ob Sie Ihre Hoffnungen und Träume umsetzen wollen oder Ermutigung und Kraft für notwendige Auseinandersetzungen brauchen oder ob es Ihnen einfach um inneren Frieden und Gelassenheit geht, die Engel können Ihnen liebevoll zu Hilfe kommen..

VERTRAUEN UND ABSICHT. Erinnern Sie sich daran, die Engel in Ihrem täglichen Leben um Hilfe zu bitten, *um Ihre eigenen Anstrengungen zu unterstützen*. Sie sind weder dazu da, Ihnen zum Lottogewinn zu verhelfen, noch um Ihnen in unrechten Dingen zur Seite zu stehen. Sie helfen Ihnen nur, wenn:

- Sie aufrichtig und ernsthaft von ganzem Herzen darum bitten
- Sie vertrauen und an die Erwiderung glauben
- Ihre Absichten und Beweggründe ehrbar sind.

DIE MACHT DER NAMEN UND DER ZAHL DREI. In diesem Buch, insbesondere im Anhang, finden Sie Heerscharen von Engeln für spezifische Lebenssituationen. Ihre Namen sind Jahrtausende alt und haben eine eigene Kraft, wenn sie laut ausgesprochen werden. Nach dem universellen Gesetz der Dreiheit verstärkt dreimaliges Wiederholen die Wirkung noch. Versuchen Sie sich bei den Anrufungen der Engel an dieses uralte esoterische Konzept zu halten. Die bekanntesten Beispiele dafür sind die heilige Dreifaltigkeit und die drei Komponenten des Menschen: Körper, Geist und Seele.

EINE EINFACHE ANRUFUNG. Wählen Sie einen Engel, der Ihnen bei Ihrem speziellen Problem helfen kann, und rufen Sie drei Mal seinen Namen. Bitten Sie ihn dann, bei Ihnen zu sein und vollenden Sie Ihre Anrufung, indem Sie drei Mal „In Liebe und Licht“ sagen, um Ihre reine Absicht zu bekräftigen.

Beispiel: *Raphael, Raphael, Raphael,*
Bitte sei jetzt bei mir (oder eine andere Bitte)
In Liebe und Licht, In Liebe und Licht, In Liebe und Licht

EINE VERTIEFTE AUSRICHTUNG AUF DIE ENGEL. Manchmal kann eine kurze Meditation sehr effektiv sein. In diesem Buch finden Sie sechs Vorschläge für Meditationen. Auf Seite 17 finden Sie Anregungen zur Gestaltung eines privaten kleinen Heiligtums, um mit den Engeln in Kommunion zu gehen.

Falls Ihr Leben so unruhig ist, dass Sie keine Zeit für Meditation haben, setzen Sie sich einfach ruhig hin und atmen Sie tief durch. Richten Sie Ihren Fokus nach innen und stellen Sie sich vor, weißes Licht einzuatmen und alle schädlichen Emotionen auszuatmen. Wenn Sie alles ausgeatmet haben, was Sie loswerden wollen, atmen Sie einfach weißes Licht weiter ein und aus, so dass Sie ganz von weißem Licht umgeben sind. Rufen Sie in diesem friedvollen Zustand dann Ihren helfenden Engel an.

EIN WORT DES DANKES. Denken Sie immer daran, Ihren Engeln dafür zu danken, dass sie Ihren Ruf erwidert haben. Erwidern Sie die Ihnen entgegengebrachte Liebe. Mit offenem Herzen werden Sie sie bald um sich herum spüren. Erkennen Sie ihre Gegenwart an und danken Sie ihnen für ihre Hilfe.

AN WELCHEN ENGEL SOLLEN SIE SICH WENDEN? Als Ausgangspunkt für die Entscheidung, welchen Engel Sie in einer bestimmten Situation anrufen sollen, werden Ihnen hier die sieben Herrscher-Engel vorgestellt, von denen jeder über einen Wochentag herrscht, bestimmte Lebenssituationen kontrolliert und eigene Planeten- und Kristallverbindungen hat. Jedes Kapitel widmet sich einem dieser Engel, angefangen mit Gabriel, dem Herrscher des Montags, des Mondes und des Mondsteins. Er ist der Engel der Träume, Hoffnungen und Bestrebungen im Leben. Wenn Sie in diesem Bereich Hilfe brauchen, können Sie also Gabriel anrufen, besonders am Montag, und vielleicht zur Unterstützung einen Mondstein tragen. Camael ist der Herrscher des Dienstags, des Mars, des Rubins und Granat. Er hilft uns bei gerechtfertigtem Ärger und verleiht Energie und Kraft im Kampf um das, was richtig und wichtig ist.

So finden Sie in jedem Kapitel bestimmte Themen und Probleme sowie Hinweise auf diejenigen Engel, die dabei helfen können. Jedes Kapitel liefert Ihnen Schlüssel zur Entwicklung von innerer Harmonie auch unter den Widrigkeiten des Alltags.

Im Anhang finden Sie das Engel-ABC mit einer Liste von 100 Engeln mit ihren speziellen Einflussbereichen. Erinnern Sie sich daran, dass die Engel immer für Sie da sind.

Gabriel: *Hoffnungen, Träume und Bestrebungen*

Der Name Gabriel bedeutet: Gott ist meine Kraft. Er gilt auch als der himmlische Erwecker. Er offenbart uns die Bedeutung unserer Träume und unterstützt uns bei unseren Bestrebungen im Leben. Vor allem schenkt er uns jedoch Hoffnung. Er herrscht über den Mond und den ersten Himmel (s. S. 24). Er war es, der Mohammed den Koran diktierte und er soll auch die heilige Johanna inspiriert haben. Im Islam ist Gabriel (Jibral) der Geist der Wahrheit, im Judentum gilt er als Berater Josephs und der Kinder Israels, im Christentum erschien er Maria, um ihr die Geburt Jesu zu verkünden.

Wir alle haben Hoffnungen und Bestrebungen. Gabriel kann uns helfen, darin klarer zu werden, was wir wirklich wollen im Leben und warum. Was sind Ihre Bestrebungen? Geld verdienen? Sind Sie sicher, dass Sie das glücklich machen wird? Vielleicht wollen Sie sich mit dem Geld Dinge kaufen, die Ihr Ansehen vergrößern. Vielleicht fühlen Sie sich auch mit Ihrem gegenwärtigen Leben gar nicht so wohl. Wäre es an der Zeit, Ihre Erwartungen zu überprüfen?

Sind Sie zielgerichtet oder lassen Sie sich treiben? Haben Sie Schwierigkeiten in den Beziehungen zu Ihren Freunden oder Kollegen? Wie oft kommen Sie irgendwo an und haben keine Ahnung, wie genau Sie dahin gekommen sind? Das ist alles in Ordnung, wenn Sie gerade unter außergewöhnlicher Belastung stehen, und das passiert jedem einmal, aber als Dauerzustand könnte es darauf hinweisen, dass Sie in Ihrem Leben nicht glücklich sind und dem entkommen wollen. In diesem Fall kann Gabriel Ihnen helfen, sich zu erden, die Realität anzuerkennen und sich von da aus auf Ihre Hoffnungen und Träume zu besinnen. Warten Sie nicht, bis es zu spät ist.

Als Herrscher des Montags und des Mondes hilft Gabriel auch, sich mit der weiblichen Kraft des Mondes zu verbinden und die Intuition zu stärken. Zusammen mit Ihren logischen und analytischen Fähigkeiten entsteht somit ein Gleichgewicht, aus dem heraus Sie Ihr Potential verstehen und verwirklichen können.

Der Name Ihres Schutzengels

„Ich bin der Engel des Mondes, verdunkelt unter dem azurenen Zelt und bald wieder leuchtend.
Der Erde nahe, erhellt mein Strahl die Mitternacht.
Ich bringe die Gabe der Hoffnung.“
The Golden Legend – Gabriel, Henry Wadsworth Longfellow

Wir alle haben einen Schutzengel, der uns von der Geburt bis zum Tod liebevoll begleitet. Ihr Schutzengel hilft Ihnen, sich zu erden und zu fokussieren, damit Sie Ihre Lebensziele erreichen. Vielleicht möchten Sie ihn gerne mit Namen ansprechen. Es gibt mehrere Möglichkeiten, den Namen herauszufinden: Er könnte Ihnen im Traum mitgeteilt werden oder in einer Meditation oder Sie rufen Ihren Schutzengel an und fragen ihn einfach nach seinem Namen. Er wird Ihnen dann mental übermittelt – und glauben Sie nur nicht, dass alle Engel komplizierte oder hebräisch klingende Namen haben.

Wenn der Ihnen übermittelte Name richtig ist, wird er Ihnen durch die Synchronizität der Engel wieder begegnen. Sie können zum Beispiel noch einmal nach dem Namen fragen und dann das Radio anmachen – vielleicht taucht der Name in einem Lied auf. Oder Sie begegnen ihm in einem Buch, einem Film oder in der Zeitung wieder. Im Zusammenhang mit Engeln gibt es keine Zufälle – all dies soll so geschehen, um Ihnen zu versichern, dass Sie auf dem richtigen Weg sind.

EINE ENGELSGESCHICHTE. Eine Frau aus einem meiner Engelsseminare erzählte, dass sie den Namen Eric als den Namen Ihres Schutzengels erhalten habe. „Das kann doch nicht stimmen“, meinte sie. Ich erklärte ihr, falls es richtig sei, würde sie in Kürze eine Bestätigung erhalten. Eine Woche später erhielt ich einen Brief von ihr, in dem sie berichtete, was nach dem Seminar geschah. Am nächsten Tag fuhr sie zu einem Bekannten und sah unterwegs einen wunderschönen Regenbogen. Als sie dort in die Küche trat, klebte auf dem Kühlschrank ein Magnet, auf dem Eric stand. Kurz darauf fand sie im Haus einer Kusine ein Kuscheltier, von dem ihr gesagt wurde, es hieße „Platter Eric“. Dann ging sie in den Garten und fand mehrere weiße Federn. Auf dem Weg nach Hause lud sie noch einige Zimmerpflanzen ein, die ihre Mutter für sie gekauft hatte. Beim Auspacken fiel ein kleiner Messingengel heraus. „Er muss irgendwie aus der Weihnachtsdekoration gefallen sein“, meinte sie. Jedenfalls war sie nach all diesen Ereignissen überzeugt, dass ihr Schutzengel Eric hieß.

Fünf Arten, wie die Engel sich bemerkbar machen

„Liebe ist die intelligenteste und schöpferischste Kraft im Universum. Sie ist wahrhaftig das Band, welches alles Lebendige und die gesamte Schöpfung zusammen und aufrecht erhält.“ aus “Die Blume des Lebens”

Engel schenken uns reine und bedingungslose Liebe. Hier ein paar der typischen Wege, durch welche sie Ihnen Botschaften senden oder Ihnen ihre Gegenwart als Antwort auf Ihre Anrufungen bemerkbar machen:

KLEINE WEIßE FEDERN. Wenn Sie weiße Federn finden, sind Sie auf dem richtigen Weg. Eine Türe hat sich geöffnet und Sie sind hindurchgegangen. Nach dem Gesetz der Dreiheit finden Sie wahrscheinlich drei Federn.

EIN ZARTER DUFT. Wenn Sie plötzlich einen zarten Duft wahrnehmen, der nichts mit Parfüm oder Ihrer Umgebung zu tun haben kann, ist das wahrscheinlich ein Zeichen der Zustimmung von Ihrem Schutzengel. Vielleicht nehmen Sie diesen Duft auch wiederholt wahr, wenn Sie mit Ihrem Engel sprechen oder sich in einem bestimmten Umfeld aufhalten.

EIN HELLES LICHT ODER EINE FARBE, DIE SIE INNERLICH WAHRNEHMEN. Das kann ein plötzliches Aufleuchten sein, nachdem Sie die Augen geschlossen und Ihre Engel angerufen haben. Es kann ein lichtes Gefühl sein oder als pulsierende, farbige Gestalt vor Ihrem inneren Auge erscheinen (oft golden oder violett). All das bedeutet, dass Ihre Bitte erhört wurde.

EIN KRIBBELN IN DER LUFT. Wenn Sie in der Meditation die Engel um Beistand gebeten haben, können Sie einmal die Hand in die Luft vor sich strecken. Sie werden ein Kribbeln spüren, wie einen sanften elektrischen Strom: Die Engel sind um Sie. Wenn Sie dann noch weitere Engel anrufen, wird das Gefühl stärker werden oder sich verändern. Vielleicht spüren Sie zuerst nichts – versuchen Sie es weiter. Nach einer Weile werden Sie es wahrnehmen. Vielleicht sehen Sie auch Lichtfunken.

LIEBEVOLLE WÄRME. Wenn Sie die Engel voller Liebe und Vertrauen angerufen haben, fühlen Sie sich oft von Wärme, Frieden und Wohlgefühl erfüllt. Die Wärme macht sich besonders in Ihren Handflächen und um Ihr Herz herum bemerkbar. Vielleicht spüren Sie auch eine Welle der Liebe durch sich hindurchfließen.

Ihr persönliches Heiligtum, Ihren heiligen Platz erschaffen

Finden Sie einen geeigneten Raum oder einen Bereich in Ihrem Zuhause, wo Sie zeitweise ungestört sein können. Nutzen Sie dieses Heiligtum für Ihre Rituale, Meditationen, zur Kontemplation oder einfach, um sich still zu entspannen und wieder aufzuladen. Wenn Sie es nicht ständig einrichten können, verwahren Sie alle Bestandteile in einem Schatzkästlein oder Regal. Die Grundbestandteile Ihres heiligen Platzes sollen Sie den Engeln grundsätzlich näher bringen und sind daher vorwiegend weiß. Für weitere Rituale in diesem Buch empfehlen wir dann die dazu passenden Farben, Kristalle und Öle.

Sie brauchen:
Ein kreisrundes oder quadratisches Tuch oder Kissen (silbern, golden oder weiß), eine weiße Feder, einen klaren Bergkristall, eine weiße Kerze, eine kleine Schale mit Quellwasser oder ein Wasserspiel.

Ergänzend können Sie verwenden:
Eine Duftlampe, in der Sie entweder einen allgemein reinigenden Duft wie Salbei oder Weihrauch verwenden oder etwas, das für Sie persönlich passt; einen kleinen Spiegel, auf den Sie Ihren Kristall stellen; Blüten oder Trommelsteine für die Wasserschale.

- Stellen Sie die Himmelrichtungen fest.
- Legen Sie das Tuch oder Kissen in die Mitte Ihres Platzes.
- Legen Sie die Feder in den Norden für die Engel und das Element Luft.
- Legen Sie den Kristall in den Westen für das Element Erde. Auf einem Spiegel verstärkt sich die Energie noch.
- Stellen Sie die Kerze in den Osten für das Element Feuer.
- Die Wasserschale kommt in den Süden.
- Wenn Sie eine Duftlampe verwenden, reinigen Sie die Luft damit, bevor Sie meditieren.
- Bitten Sie Ihren Schutzengel, Ihren heiligen Raum mit Liebe und Licht zu erfüllen und ihn immer zu schützen.

Eine Meditation mit Gabriel und der Kraft des Mondes

„...und pflücke, bis zum Ende aller Zeiten, die silbernen Äpfel des Mondes und die goldenen Äpfel der Sonne.“ W. B. Yeats

Diese Abendmeditation hilft Ihnen, eine neue Perspektive im Leben zu finden, damit Sie Ihren Weg neu bestimmen können. Wenn Sie sich nach neuen kreativen Herausforderungen sehnen, sollten Sie diese Meditation in der ersten Hälfte des zunehmenden Mondes durchführen. Wenn Sie ein Projekt zum Abschluss bringen möchten, sollten Sie den Vollmond wählen. Welche Phase des Mondes Sie auch wählen, spüren Sie das Mysterium seines klaren, silbernen Lichtes. Die Energie des Mondes ist weiblich und die der Sonne männlich. Verwenden Sie in Ihrem privaten Heiligtum eine silberne Kerze statt der weißen und Mondstein statt des Bergkristalls.

- Bitten Sie die Engel, Sie während dieser Meditation ganz in schützendes, goldenes oder weißes Licht einzuhüllen. Sehen Sie innerlich diesen Glanz um sich herum.
- Stellen Sie sich vor, wie aus Ihren Füßen Wurzeln in die Erde wachsen, die Sie verankern und erden.
- Atmen Sie langsam ein und aus und fokussieren Sie sich auf Ihr inneres Selbst.
- Spüren Sie die Entspannung. Lassen Sie alle äußeren Eindrücke los und richten Sie den Fokus nach innen. Zählen Sie: 1. Entspannen, 2. Tiefer gehen, 3. Ruhig werden.
- Stellen Sie sich eine senkrechte Säule oder Meridianlinie in Ihrem Körper vor, die von der Krone Ihres Kopfes, durch Ihren Kopf, Hals, Herz, Solar Plexus, Bauch bis zum Ende Ihrer Wirbelsäule reicht.
- Visualisieren Sie den Mond mit seinem reinen Licht. Ziehen Sie dieses silberne Strahlen in Ihr Kronenchakra, Ihre spirituelle Verbindung mit dem Kosmos. Spüren Sie, wie die Energie Ihre Stirn erfüllt, Ihre Intuition, Ihr Unterbewusstsein und die Welt Ihrer Träume. Jetzt fließt sie bis zum Hals.
- Stellen Sie sich vor, wie die Energie entlang der zentralen Meridianlinie bis zu Ihrem Herzchakra fließt. Senden Sie sie von hier aus in alle Zellen Ihres Körpers.
- Bitten Sie Gabriel um Hilfe dabei, die kraftvolle Energie des Mondes in Ihrem Herz und Ihrem Geist zu fokussieren, damit Sie Ihr wahres Potential verstehen und entwickeln können.
- Fühlen Sie sich von Sinn und einem neuen Gefühl der Ausrichtung erfüllt. Genießen Sie es.
- Zählen Sie rückwärts von 3 bis 1, um zu voller Aufmerksamkeit zurückzukehren. Versichern Sie sich Ihrer Erdung und öffnen Sie dann die Augen. Danken Sie den Engeln für ihren liebevollen Beistand.

Engel und Kristalle

HOCHWIRKSAME ENGELWESEN. Jedem dieser Kapitel steht ein Engel vor, der zu einem wesentlichen Einfluss in Ihrem Leben werden kann. In Ihren Meditationen können Sie die Kraft dieser Engel durch die Verwendung von Kristallen noch verstärken. Die Kristalle erhöhen Ihre Schwingung, so dass sie dem Engelreich näher kommt. Halten Sie den jeweiligen Kristall in Ihrer linken Hand. (Ihre linke Hand ist empfänglich für kosmische Energien, während Sie durch die rechte Hand Energie an das Universum zurückgeben.)

Jeder der Engel der folgenden Kapitel ist mit bestimmten Steinen besonders verbunden, die unter folgenden Themen zusammengefasst werden können:

Gabriel	Mondstein, Selenit	Hoffnungen, Träume, Bestrebungen
Camael	Rubin, Granat, roter Achat, Karneol	Mut, Ermächtigung, Gerechtigkeit
Michael	Saphir, blauer (oder gelber) Topaz	Stärke, Schutz, Wahrheit
Zadkiel	Lapislazuli, Türkis	Fülle, Weisheit, Erfolg
Haniel	Rosenquartz, Smaragd, Turmalin	Liebe, Mitgefühl, Schönheit
Cassiel	Obsidian, schwarz-weißer Achat, Jett	Frieden, Harmonie, Gelassenheit
Raphael	Bergkristall, Diamant	Heilung, Energie, Wissen

Auch die heilenden Elementar-Engel haben ihre Steine: Phuel – Aquamarin, Uriel – Bernstein und Ariel – Amethyst.

SPEZIELLE ENGELKRISTALLE. Es gibt spezielle Kristalle, um mit dem Engelreich in Kontakt zu treten, insbesondere Coelestin und Selenit.

Coelestin heißt „Blau wie der Himmel" und schimmert in einem blassen Himmelblau. Er wird gelegentlich auch als Angelit bezeichnet. Neben himmelblau kann der Coelestin von weiß über gelb bis braun gefärbt sein. Er unterstützt den Kontakt zum Engelreich, die Hellhörigkeit und die Träume.

Selenit ist ein schöner, fast durchsichtig-weißer Kristall, der poliert wie Mondlicht strahlen kann, er wurde früher als Glas verwendet (Marienglas). Er ist ein ruhiger, heiterer und reiner Stein, der uns hilft, die Gedanken zu klären und inneres Bewusstsein zu entwickeln. Er kann auch zur Erinnerung vergangener Leben und zum psychischen Schutz eingesetzt werden.

Auch Rutilquarz steht mit den Engeln in Verbindung. Das ist ein Bergkristall, in den feine Rutilnadeln eingeschlossen sind, die oft wie Engelshaar aussehen.
Große Kristalle haben manchmal auch eine Öffnung, eine Art Tor in ihr Inneres. Auch das verbindet uns näher mit den Engeln.

PENDELN MIT KRISTALLEN. Mit ein wenig Übung kann man über das Pendeln auf effektive Weise Hilfe und Rat von den Engeln erhalten. Fürchten Sie sich nicht davor. Am besten ist ein klarer Bergkristall an einer dünnen Schnur. Reinigen Sie ihn, bevor Sie beginnen (s. S 29).

- Wickeln Sie das Ende der Schnur um Ihren Ringfinger und lassen Sie das Pendel dann über Ihren Mittelfinger an Ihrem Zeigefinger herunterhängen. Es sollten noch etwa 15 cm Schnur frei hängen.
- Schließen Sie die Augen und bitten Sie Ihren Schutzengel und Michael um Beistand und um schützendes, goldenes Licht der Wahrheit.
- Stellen Sie dann eine Frage, deren Antwort Ihnen bekannt ist, um die Ja/Nein-Reaktion des Pendels zu prüfen, z.B. „Ist mein Name ...?“ Meistens schwingt das Pendel im Uhrzeigersinn für Ja und gerade hin und her für Nein. Wenn die Reaktion klar ist fragen Sie das Pendel drei Mal, ob die Antworten, die Sie empfangen werden, auch der göttlichen Wahrheit entsprechen.
- Wenn es auf Ihre Fragen keine klare Antwort gibt oder Sie die Frage unklar formuliert haben, wird sich das Pendel nicht bewegen, sondern nur zittern.
- Müssen Sie zum Beispiel zwischen vier Alternativen wählen, so schreiben Sie sie klar und deutlich auf ein Papier, jede in einen Abschnitt und pendeln Sie jeweils darüber.
- Wenn Sie Gabriel etwas über Ihre Hoffnungen und Träume fragen möchten, verwenden Sie das Pendel. Wahrscheinlich werden Sie überrascht sein darüber, wie viel Unterstützung Sie erfahren. Übung macht den Meister. Und vergessen Sie nicht, den Engeln hinterher zu danken.

Camael: *Mut, Ermächtigung und Gerechtigkeit*

Camael bedeutet: Derjenige, der Gott sieht. Er steht für Edelmut und wird manchmal als ein auf einem Felsen kauernder Leopard dargestellt. Alte Schriften verbinden seinen Namen mit göttlicher Gerechtigkeit und mit Mars, dem roten Planeten und Kriegsgott. Sein Tag ist der Dienstag und er herrscht über den fünften Himmel. Camael sorgt für Gerechtigkeit und unterstützt die Opfer von Ungerechtigkeit in ihrem gerechten Zorn. Auch geringe Ungerechtigkeiten können noch lange ein Gefühl der Verärgerung hervorrufen. Solche Bitterkeit blockiert den spirituellen Fortschritt. Vielleicht verurteilen Sie sich auch selbst zu hart oder messen sich an zu hohen Maßstäben. Lernen Sie, sich selbst und anderen zu vergeben, nur dann haben Sie Kontrolle über Ihr Leben und können vorwärts gehen.

Vielleicht steht Ihnen gerade eine Auseinandersetzung bevor, bei welcher das Recht klar auf Ihrer Seite ist, vielleicht kämpfen Sie für die gerechtere Behandlung eines lieben Menschen und strengen sich ständig an, obwohl der Ausgang ungewiss ist. In diesem Fall können Sie Camael um Kraft bitten, damit Sie sich leidenschaftlich für das einsetzen können, was Ihnen wichtig ist.

Und dann ist da die Angst. Die meisten von uns ängstigen sich manchmal, vor dem Leben, der Zukunft, der Welt im Allgemeinen. Das ist in diesen Zeiten nur verständlich, aber Angst verkrampft uns, erzeugt Grenzen und macht den Geist klein. Das verhindert sowohl die Entwicklung unseres Potentials als auch das spirituelle Wachstum, während die Liebe dies beides fördert. Camael, der auch Jesus im Garten Gethsemane Trost gespendet haben soll, kann Sie durch die so genannte „dunkle Nacht der Seele“ führen. Bitten Sie ihn um die Kraft, sich Ihren Ängsten zu stellen und um den Mut, die Energie und Entschlossenheit, sie zu überwinden.

Camael hat eine besondere Verbindung zu Rubinen, Granaten, rotem Achat, Blutjaspis und Karneol. Rote Steine bieten Stärke, Energie, Leidenschaft und Mut, Blutjaspis (es heißt, er sei entstanden, indem Blutstropfen von Jesus auf grünen Jaspis fielen) hilft, sich gegen Unrecht zu wehren.

Das Engelreich

Es heißt, dass es sieben Himmel gibt und dass der siebte das Reich Gottes ist. Deswegen sagt man auch: Ich schwebe im siebten Himmel. Nach den alten Quellen sind die Engel der Gegenwart Gottes die Herrscher über die sieben Himmel: Gabriel über den ersten, Raphael über den zweiten, Haniel über den dritten, Michael über den vierten, Camael über den fünften, Zadkiel über den sechsten und Cassiel ist der Torhüter des siebten Himmels und des Schöpfers. Deswegen haben wir diese mächtigen Engel für die Kapitel dieses Buches ausgewählt.

Wie ist das mit der Hölle? Alle Wesen haben einen freien Willen, auch Engel. Ihnen gab der Schöpfer für alle Zeiten die eine Entscheidungsmöglichkeit, nämlich zwischen Licht und Dunkelheit zu wählen. Die Engel, die die Dunkelheit wählten, wurden zu Dämonen oder gefallenen Engeln. Manche Schriften behaupten, dass die Hölle ursprünglich im zweiten oder dritten Himmel angesiedelt war, doch sei dies für die Seelen der Verstorbenen zu verwirrend gewesen, weshalb die Hölle in ihren eigenen Bereich, die Unterwelt verbannt wurde. Alle Engel, die das Licht gewählt haben, sollen in den drei Ordnungen der drei himmlischen Sphären leben, je nach ihrem Rang in der Hierarchie. Die Reihenfolge dieser Hierarchien wird unterschiedlich überliefert, doch im allgemeinen sieht man es wie folgt:

Erste Sphäre: Seraphim, Cherubim, Throne. Herrscher sind Raphael, Michael und Cassiel, die höchsten Engel, die Gott am nächsten sind, die himmlischen Ratgeber, verantwortlich für die Sphärenklänge, die Bewegungen der Himmel, der Sterne und der Planeten.

Zweite Sphäre: Herrschaftsbereiche, Kräfte und Tugenden. Herrscher sind Zadkiel, Camael und Haniel, Engel des mittleren Rangs, himmlische Verwalter, verantwortlich für die Integration der spirituellen und der materiellen Welten, für das Ausstrahlen göttlicher Heilungsenergie und das Bewusstsein der Menschheit, inklusive der Religionen und Menschheitsgeschichte.

Dritte Sphäre: Engelsfürsten, Erzengel, Engel. Herrscher sind Haniel, Gabriel und Raphael. Die himmlischen Boten-Engel und die den Menschen am nächsten stehenden Schutzengel der Nationen, Städte, Unternehmen, die Schutzengel und Begleiter der Menschen.

Die Chakren des Körpers Seit Tausenden von Jahren sind die Energiezentren der Chakren bekannt, die von der Krone bis zum Ende der Wirbelsäule eine Meridianlinie bilden. Sie repräsentieren sowohl körperliche als auch emotionale Themen und werden in vielen Heilungsmethoden verwendet, inklusive Reiki, Akupunktur, Kinesiologie und Reflexologie.

Genau genommen bestehen die Chakren aus zwei Gruppen zu je drei Chakren mit dem Herzchakra in der Mitte. Wie auf der nächsten Seite zu sehen, besteht die erste Gruppe aus rot (Wurzel – Erde, Sicherheit), orange (Sakral – Wasser, Sinnlichkeit, Kreativität) und gelb (Solar Plexus – Feuer, Emotionen). Physisch beziehen sie sich auf den Körperbereich, in dem sie sich befinden. Das dazwischenliegende Herzchakra steht mit dem Element Luft in Verbindung, der Liebe und dem Herzen als Körperorgan. Neben ihren körperlichen Aspekten des Halses, der Stirn und des Schädeldaches verbinden sich die obersten drei Chakren mit den Farben blau, indigo und violett mit dem Äther und daher den drei Sphären des Engelreichs. Der nächste Abschnitt dieses Kapitels zeigt Ihnen, wie Sie sich mit Hilfe dieser Verbindung spirituell transformieren, Ihr Bewusstsein erweitern und Weisheit erlangen können.
Auf der folgenden Seite werden die Chakren in der Meditation mit Camael als farbige Blumen dargestellt. Sie können sie sich zu Anfang als Knospen vorstellen, die während der Meditation voll erblühen und sich am Ende der Meditation wieder schließen.

SPIRITUELLE CHAKREN UND DIE HIMMLISCHEN SPHÄREN. Wenn Sie sich in einer Meditation oder in einem stillen Moment speziell auf das blaue Chakra konzentrieren, hilft Ihnen das bei der Kommunikation mit der dritten Sphäre der Engel und Erzengel und gibt Ihnen persönliche Unterstützung.

Der Fokus auf das indigofarbene Chakra verbindet Sie mit der zweiten Sphäre der Engel, auf der Sie Engel von Städten, Ländern oder Unternehmen anrufen können. So können Sie z. B. Hilfe in ein Katastrophengebiet schicken.

Für die erste Sphäre der Engel – das Reich der Cherubim, Seraphim, der Throne und des Schöpfers selbst – meditieren Sie auf die Farbe violett oder weiß und das Kronenchakra. Hier geht es um höchste Engelthemen sowie das eigene spirituelle Wachstum.

Meditation mit Camael für Ermächtigung

Dies sind die Grundzüge einer einfachen Meditation, wie sie auf alle in diesem Buch aufgeführten Meditationen anzuwenden sind: Setzen Sie sich bequem auf einen Stuhl oder auf den Boden. Sorgen Sie dafür, dass Sie etwa 20-30 Min. ungestört bleiben und dass Ihnen warm ist. Ihre Hände liegen locker im Schoß, die Beine nicht überkreuzen. Ziehen Sie die Schuhe aus. Bitten Sie Ihren Schutzengel Sie mit schützendem goldenen Licht zu umgeben.

Atmen Sie drei Mal lang und tief durch und wenden Sie Ihre Aufmerksamkeit auf Ihr inneres Selbst.

Stellen Sie sich vor, wie Sie reines, weißes Licht einatmen und allen Ärger, alle Sorgen und Stress ausatmen. Entspannen Sie sich und werden Sie ruhig.

Spüren Sie, wie winzige Wurzeln aus Ihren Füßen in den Boden wachsen und Sie erden. Dann stellen Sie sich jedes Chakra wie eine Blütenknospe vor, kurz vor dem Erblühen.

Beginnen Sie mit dem Wurzelchakra: Stellen Sie sich vor, wie die rote Rosenknospe sich öffnet. Machen Sie dann weiter mit der Tigerlilie, der Sonnenblume, der rosa Seerose mit ihren grünen Blättern, der blauen Iris in Ihrem Hals, dem indigofarbenen Stiefmütterchen und dem lila Krokus. Sehen Sie schließlich, wie sich eine weiße Lilie über Ihrem Kopf öffnet.

Sehen Sie jetzt, wie sich aus der universellen Quelle weißgoldene Energie in die Lilie ergießt und wie dieser Strom in einer Linie senkrecht nach unten fließt, von der Lilie in den Krokus und damit in Ihre Stirn (vielleicht spüren Sie das als ein Vibrieren).

So fließt die Energie weiter nach unten durch jede einzelne Blume bis zur Rose. Hier teilt sich der Strom und fließt beide Beine entlang zu den Füßen. Mit ein wenig Übung werden Sie spüren, wie die Energie Ihre Zehen erreicht. Senden Sie durch Ihre Wurzeln Heilungsenergie in die Erde.

Fokussieren Sie sich jetzt wieder auf die Rose im Wurzelchakra, der Basis Ihres Seins. Dieses Chakra steht für Körperkraft, den Glauben an sich selbst, das Überleben, aber auch für Vergebung. Es repräsentiert auch die Erde und sichere Grundlagen.

Bitten Sie Camael, dieses Chakra mit seinem rubinroten Strahl zu energetisieren. Sehen Sie, wie die Rose zu leuchten beginnt. Bitten Sie um die Kraft zu vergeben.

Spüren Sie die Energie der Ermächtigung, wie sie von Ihrer Basis bis zu Ihrem Herzen fließt.

Visualisieren Sie jetzt in aufsteigender Reihenfolge jede Blume, wie sie sich wieder schließt. Jede wird mit Gold versiegelt und mit einem Lichtfaden mit der universellen Quelle verbunden.

Kommen Sie langsam ins Hier und Jetzt zurück. Öffnen Sie Ihre Augen und danken Sie Camael für seine Hilfe.

Ein Schatzkästlein einrichten

In diesem Buch finden Sie viele Möglichkeiten, Ihr zukünftiges Leben etwas anders zu gestalten, indem Sie alte Methoden, Energien und Weisheiten zu Hilfe nehmen. Vielleicht sehen Sie jetzt viele Dinge mit neuem Blick, z. B. die kleinen weißen Federn, die Sie finden werden, die Kristalle oder die Kerzen.

Wenn Sie die hier aufgeführten Rituale ausprobieren wollen, brauchen Sie verschiedenfarbige Tücher, auf die Sie die verschiedenen Steine und Kerzen stellen können und wahrscheinlich ein Pendel. Sie könnten sich also ein Schatzkästlein einrichten, in welchem Sie all dies aufbewahren und welches an Ihrem heiligen Platz steht.

Das Kästlein sollte aus natürlichen Materialien bestehen. Sie können einen Karton mit Papier oder Stoff beziehen oder Sie finden einen hübsch geschnitzten Kasten, vielleicht sogar in einem Antiquitätengeschäft. Sie können Ihr Pendel in einen kleinen Beutel geben oder in ein Stückchen Seide wickeln. Wählen Sie eine Farbe, die Ihnen liegt. Sie können auch die Karten in Seide einhüllen.

Bevor Sie das Pendel oder die Steine verwenden, sollten Sie sie reinigen. Halten Sie sie dazu dreimal in fließendes, klares Wasser oder ins Sonnenlicht (so lange Sie können). Sie können sie auch energetisieren, indem Sie sie bei Vollmond eine Nacht lang dem Mondlicht aussetzen.

Alternativ können Sie auch die Engel der Elemente um Hilfe bei der Reinigung Ihrer Schätze bitten, indem Sie sie nacheinander anrufen und sich vorstellen, wie die Gegenstände gereinigt werden. Bitten Sie Phuel darum, den Herrn der Wasser, und sehen Sie innerlich, wie die Gegenstände von klarem Wasser umspült werden. Oder Sie rufen Uriel, den Engel des Feuers, und sehen die Gegenstände im Herzen einer Kerzenflamme. Oder Sie sehen wie mit Ariels Hilfe, blau-violette Energie die Gegenstände um- und durchweht.

ENGELFEDERN. Unzählige Menschen haben mich angerufen und mir erzählt, dass sie eine weiße Feder gefunden haben. Ich selbst fand meine erste weiße Feder an dem Tag, an dem ich heilen lernte, lange bevor ich anfing, die Engel zu erforschen. Eins führte zum anderen, und jetzt schreibe ich dieses Buch. Wenn Sie anfangen, Ihre eigenen Federn zu finden, bringen Sie sie in Ihr Heiligtum oder kleben Sie sie um einen kleinen Spiegel, dann können Sie sich von schützenden Engelfedern umgeben sehen.

Ihr Leben in die Göttliche Ordnung stellen

„Wie der Kern der Frucht zerbrechen muss, damit sein Herz die Sonne erblicken kann, so müsst auch ihr den Schmerz erleben." Der Prophet von Khalil Gibran

DER UMGANG MIT ÄRGER UND BITTERKEIT. Wenn Sie richtig ins Fettnäpfchen getreten sind, taktlos oder verletzend gewesen sind, können Sie die Engel um Hilfe bitten. Vielleicht waren Sie berechtigerweise erregt und haben sich in der Hitze des Gefechts in der Wortwahl vergriffen. Vielleicht hätten Sie es gerne zurückgenommen, waren aber zu stolz dazu. Aber wenn man nichts tut, werden solche Auseinandersetzungen im Laufe der Zeit immer schwerer auszubügeln. Manche Familien sprechen wegen so etwas jahrelang nicht miteinander. In solchen Fällen können die Engel helfen, die Dinge in Ordnung zu bringen.

DIE KRAFT DER VERGEBUNG. Zuerst müssen Sie sich vielleicht selbst vergeben, um Ihre Vergangenheit zu heilen. Das ist nicht leicht, aber Camael kann Ihnen helfen, Ihre Fehler zu akzeptieren und weiter zu gehen.

Wenn Sie sich bei anderen entschuldigen sollten, bitten Sie den Engel Phuel um Hilfe, um die Situation so gut wie möglich zu bereinigen. Machen Sie der Traurigkeit und Bitterkeit ein Ende. Bitten Sie Michael oder Adnachiel, den Engel des Schützen, um die richtigen Worte, falls Sie dazu neigen, zu direkt zu sein. Auch wenn der andere Ihre Entschuldigung ablehnt, haben Sie dadurch doch die negative Energie von sich selbst abgewandt. Wenn sich jemand bei Ihnen entschuldigen möchte, geben Sie ihm Zeit und Raum. Entschuldigungen auszusprechen oder anzunehmen – beides braucht Mut, aber es ist immer der Mühe wert.

Wenn Sie für diese Schritte mehr Selbstbewusstsein brauchen, bitten Sie Haniel oder Machidiel, den Engel des Widder, um Unterstützung.

STRESS UND UNEINIGKEIT UNTER FREUNDEN ODER IN DER FAMILIE. In allen Beziehungen gibt es Spannungen, besonders wenn man zusammen lebt. Nehmen Sie sich in solchen Fällen etwas Zeit für sich und bitten Sie Cassiel um Hilfe, wenn es Ihnen an Ausgeglichenheit mangelt. Außerdem stehen Ihnen zur Verfügung: Achaiah, der Engel der Geduld; Ambriel, der Engel des Zwilling, ist gut im Probleme lösen und Melchisedek, der Fürst des Friedens, der manchmal mit dem Heiligen Geist gleichgesetzt wird, kann bei großen Schwierigkeiten um Frieden, Heilung und Gelassenheit gebeten werden.

VERBESSERN SIE IHR LEBEN. Wenn Sie unglücklich sind, nehmen Sie sich Zeit, Ihre wahren Bedürfnisse und Wünsche zu ergründen und herauszufinden, was Sie in sich verändern können, damit sie Wirklichkeit werden. Seien Sie ehrlich mit sich selbst und treffen Sie Entscheidungen. Probieren Sie das Ritual auf Seite 33 mit dem aufgestiegenen Meister St. Germain und den Engeln der violetten Flamme. Dieses Ritual unterstützt Ihre spirituelle Transmutation, die Veränderung alter Energien und Denkmuster und lässt Sie neue Einstellungen entwickeln.

GEBETE MIT SANDALPHON. Viele Menschen fühlen sich in Zeiten großer Bedrängnis durch Gebete getröstet oder gestärkt. Falls es Ihnen so geht, kann Sandalphon Ihnen eine große Hilfe sein. Er ist der Engel, der Ihre Gebete Gott überbringt. In seinem Gedicht *Sandalphon* hat der Dichter Longfellow das sehr schön beschrieben:

„Und die Gebete, die er sammelt,
werden zu Blumen in seiner Hand,
zu roten und weißen Girlanden.
Und ihr Duft strömt von dem großen Bogen
Des Eingangstors der ewigen Stadt
Und zieht durch die himmlischen Straßen.“

Selbsttransformation mit spiritueller Alchemie

Mit ein bisschen Alchemie können Sie in diesem Ritual alte, negative Verhaltensmuster loswerden. Der aufgestiegene Meister St. Germain ist der Hüter der silbervioletten Flamme. Wenn Sie dunkle, negative Energien aus Ihrem Inneren in diese Flamme schicken, werden sie sofort in weißes Licht zurückverwandelt, also in positive Energie, und Sie können sich für Ihre Zukunft neu programmieren.

Sie brauchen:
Ein violettes Altartuch oder Kissen, einen Amethyst, eine violette Kerze, Lavendelöl und eventuell eine CD mit meditativer Musik

- Breiten Sie das violette Tuch aus und stellen Sie den Amethyst darauf.
- Segnen Sie die Kerze mit einem Tropfen Lavendelöl und entzünden Sie sie.
- Schreiben Sie alle Verhaltens- und Denkmuster, die Sie transformieren wollen, auf ein Stück Papier.
- Bitten Sie St. Germain und die Engel der violetten Flamme, Sie ganz mit silberviolettem Licht zu umgeben und sprechen Sie wie folgt:

„Im Namen des siebten Strahls rufe ich St. Germain, die Engel der violetten Flamme und die Energien des silbervioletten Feuers. Ich bitte von Herzen darum, dass diese Energie durch mich hindurchfließen möge, durch all meine Chakren, und dass sie alle alten Muster lösen, Körper, Geist und Seele reinigen und Raum für neues Wachstum schaffen möge. In Liebe und Licht, In Liebe und Licht, In Liebe und Licht. Mögen all diese Blockaden, die ich loslasse, in weißes Licht göttlicher Güte verwandelt werden. Ich bin das silberviolette Feuer, ich bin die Reinheit, die Gott wünscht."

- Bei diesem letzten Satz visualisieren Sie, wie das silberviolette Feuer in Ihr Kronenchakra und durch alle Chakren nach unten und aus dem Wurzelchakra fließt und dabei alle Chakren reinigt. Stellen Sie sich dann blaue Heilungsstrahlen vor, die alle so entstandenen Höhlungen ausbrennen, gefolgt von gelben und grünen Strahlen, die neues Wachstum und Entwicklung initiieren.
- Danken Sie St. Germain und den Engeln für ihre liebevolle Unterstützung.
- Verbrennen Sie das Stück Papier vollständig. Ziehen Sie dabei einen Strich unter Ihr altes Selbst und seien Sie bereit für das Neue. Vergraben Sie die Asche und denken Sie nicht mehr daran.

Michael: *Stärke, Schutz und Wahrheit*

Am Mittwoch denken wir an Michael. Viele alte Schriften halten ihn für den höchsten aller Engel. Sein Name bedeutet: Der wie Gott ist. Er wird auch als der Heilige Georg und als der Heilige Michael verehrt und taucht außer in christlichen auch in islamischen, persischen und jüdischen Texten auf. Die Schriftrollen vom Toten Meer nennen den Herrscher des vierten Himmels auch den Fürsten des Lichts, den höchsten Krieger gegen die Dunkelheit.

Michael steht für die Stärke von Körper und Geist. Er rettet uns mit seinem Schwert und seinem blauen Mantel. Das Schwert können Sie sich aus Metall oder als Flamme vorstellen. Es durchtrennt die Dunkelheit der Angst, der Krankheit oder negativer Emotionen und lässt das Licht, die Stärke und blaue Heilungsenergie herein. Michaels blauer Mantel schützt uns und unsere Lieben vor schädlichen Energien.

Michael wird auch als der Logos (das Wort) beschrieben. „Das Wort" bedeutet in diesem Zusammenhang Wahrheit in jeder Form: Den Mut zu haben, uns selbst und anderen gegenüber ehrlich zu sein und unseren Prinzipien treu zu bleiben. Michael hilft uns also, unter allen Umständen klar zu kommunizieren. Wir können ihn zum Beispiel um Hilfe bitten, wenn wir Kraft brauchen, um die nächste Zeit durchzustehen; wenn wir Verstrickungen lösen wollen; er hilft uns, das Gefühl verletzt zu sein loszulassen, wenn wir uns zurückgewiesen fühlen; er hilft, wenn eine Situation gerade gerückt werden muss. Bitten Sie Michael um die nötige Geduld, Ruhe und um die richtige Wortwahl. Wenn Ihr Leben plötzlich dunkel ist und Sie sich fürchten, kann Michael Ihnen Schutz geben. Wenn Sie sich Ihrer persönlichen Wahrheit zugewandt und die unerwünschten Aspekte Ihrer selbst losgelassen haben, können Sie körperlich und spirituell wieder stärker werden, mit Michaels Hilfe.

Seine Steine sind der Saphir, blauer und gelber Topaz und Citrin. Die blauen Steine sind für Friedfertigkeit, Heilung und Gesundheit, die goldenen helfen, positiv aktiv zu werden, besser zu kommunizieren und die Lebensmöglichkeiten zu erweitern.

Engel und Kommunikation

„Ich floh vor Ihm, durch Tage und Nächte,
Ich floh vor Ihm, durch die Tore der Jahre,
Ich floh vor Ihm, durch die verschlungenen Labyrinthe
Meines Geistes; und tränenüberströmt
Verbarg ich mich vor Ihm, auch unter Gelächter.
Weit strahlende Hänge hinauf eilte ich, und stürzte hinab
In endlose Abgründe titanischen Trübsinns,
fort von Seinen starken Schritten, die mir folgten und folgten."
Himmelhunde von Frances Thomas

ENGELSBOTSCHAFTEN. Neben der Meditation gibt es viele andere Wege, mit Engeln zu kommunizieren. Sie können zum Beispiel Ihre Frage laut aussprechen und die Antwort in Ihrem Kopf „channeln", das heißt empfangen. Das ist eine Art der Hellhörigkeit. Dazu setzen Sie sich bequem hin, Stift und Papier griffbereit. Lassen Sie mit ein paar tiefen Atemzügen die ganze Außenwelt los und wenden Sie sich nach innen. Bitten Sie darum, von Licht umhüllt und von Michael oder Ihrem Schutzengel geschützt zu sein. Formulieren Sie Ihre Frage und eine Antwort wird in Ihren Kopf kommen. Schreiben Sie sie sofort auf.

Sie können auch mit einem Engelsbogen und goldenen Pfeilen ätherische Botschaften verschicken. Stellen Sie sich dazu vor, Ihre Botschaft auf ein Papier zu schreiben, welches Sie an den goldenen Pfeil binden. Visualisieren Sie dann, wie Sie den Bogen spannen und den Pfeil direkt zu der Person schießen, für die die Botschaft bestimmt ist. Er wird mit Gedankenschnelle dort ankommen. Mit ein wenig Übung kann der oder die andere Ihnen auf die gleiche Weise eine Antwort schicken. Das kann erstaunlich gut funktionieren.

ENGEL UND TRÄUME. Ihre Träume sind Ausdruck Ihres Unterbewusstseins und können Botschaften der Engel enthalten. Im Schlaf unterliegen wir nicht mehr den täglichen Ablenkungen, genauso wie in der Meditation, und die Engel können dann leichter zu uns durchdringen.

Wenn Sie sich um etwas sorgen, können Sie darum bitten, im Traum eine Antwort zu bekommen. Am einfachsten geht das, indem Sie aus Ihrem Anliegen ein kleines Gedicht machen, welches Sie vor dem

Einschlafen immer wieder wiederholen. So gelangt die Frage in Ihr Unterbewusstsein. Wenn Sie sich beim Aufwachen an die Antwort erinnern, schreiben Sie sie schnell auf. Legen Sie immer Ihr Traumtagebuch neben Ihr Bett.

NEUE WEGE DER VERSTÄNDIGUNG. Neben Michael können Ihnen auch andere Engel helfen, Ihre Kommunikationsfähigkeiten zu verbessern. Achaiah verleiht Ihnen Geduld, wenn Sie zu einem lebhaften Temperament neigen. Ambriel hilft, schwierige Arbeitsprobleme zu lösen und anderen auf gute Weise zuzuhören (siehe auch Haniels rosa Spiegel S.69). Sadriel ist der Engel der Ordnung, der das Chaos lichtet und Ihnen Ruhe im Sturm verleiht. Eth stellt sicher, dass alles in Ihrem Leben zum richtigen Zeitpunkt geschieht, aber stellen Sie sicher, dass Sie auch bereit dafür sind, bevor Sie ihn anrufen.

EINE ENGELSGESCHICHTE.
In meinen Regenbogen-Engel-Seminaren frage ich die Teilnehmer immer, warum Sie gekommen sind. Eine Teilnehmerin namens Margret erzählte von ihrer ersten Kommunikation mit Engeln. Sie war dabei, eilig einen Supermarkt-Parkplatz zu verlassen und schaltete in den Rückwärtsgang, um auszuparken, als eine Stimme in ihrem Kopf „Stop!“ sagte. Ohne zu überlegen, bremste sie sofort. Sekunden später eilte ein aufgeregter Vater herbei: Sein kleines Kind war ihm weggelaufen und stand genau im toten Winkel hinter Margrets Auto. Wenn Sie nicht angehalten hätte, wäre es auf jeden Fall zu Schaden gekommen. Margret war davon überzeugt, dass es himmlisches Eingreifen war, das sie bremsen ließ, und wollte jetzt mehr über Engel erfahren.

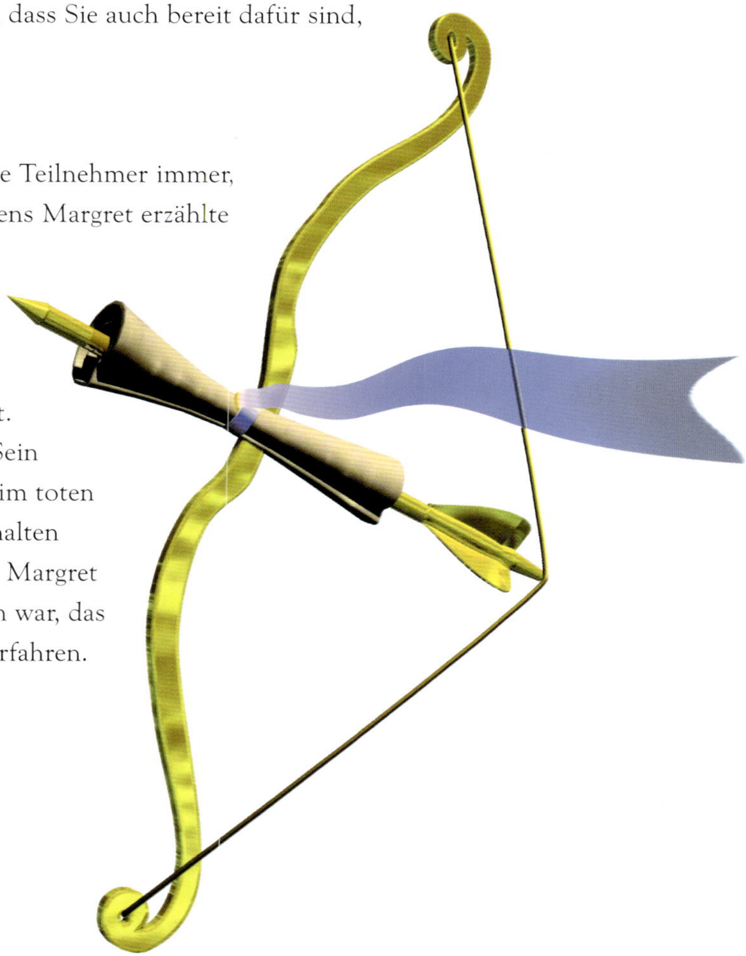

Fünf Möglichkeiten, unsere Lieben zu schützen

„Viele Wege hast du erschaffen und alle führen sie zum Licht.“
Hymne an den Sonnengott Mithras von Rudyard Kipling

Ihr Wille und Ihr Geist haben eine große Kraft. Deswegen ist es so wichtig, sie in Liebe und mit guter Absicht einzusetzen. Im Laufe der Zeit werden Sie die Engel immer leichter visualisieren und Ihre Vorstellungskraft wird sich entwickeln. Das Folgende sind ein paar sehr wirksame Schutzvisualisierungen, die Sie üben können:

- Stellen Sie sich selbst oder jemand anderes in ein lichterfülltes, goldenes Ei und bitten Sie Raphael, den Engel der Sonne und der Heilung, sicherzustellen, dass das Ei nicht zerbricht.
- Um zu verhindern, dass negative Energie Sie oder jemand anderes erreicht, können Sie sich mit einer violetten Aura umgeben, die negative Energie transmutiert, bevor sie Sie erreichen kann. Stellen Sie sich selbst oder die andere Person in eine Pyramide. Bitten Sie dann St. Germain und die Engel der violetten Flamme, diese Pyramide mit violettem Feuer zu erfüllen. Auch wenn Sie die Pyramide verlassen, bleibt ein violetter Schein um Sie herum. Sie können auch Autos und andere Transportmittel auf diese Weise schützen.
- Bitten Sie Michael, Ihnen mit seinem blauen Mantel zu helfen. Bitten Sie ihn, den Mantel um Ihre Lieben zu wickeln, um diese zu schützen. Visualisieren Sie das Kobaltblau des Mantels mit seiner Kapuze und lassen Sie sich oder Ihre Lieben komplett davon umhüllen.
- Bitten Sie Haniel, den zu Schützenden in eine rosafarbene Blase zu hüllen, die flexibel und stark genug ist, um bis zu Ihrer nächsten Bitte zu halten.
- Gabriel kann Sie oder andere auf Ihre Bitte hin mit seinem silberfarbenen Mantel für eine Weile unsichtbar machen (auch Autos, Häuser etc.). Lassen Sie sich (oder es) wiederum vollständig verhüllen.

Bedanken Sie sich bei den Engeln für ihre liebevolle Hilfe.

Sie können dies so oft tun, wie Sie möchten, auch innerhalb einer Meditation. Wenn einer Ihrer Lieben Heilung und Schutz braucht, senden Sie ihm erst Heilung (s. S. 84) und bitten Sie dann die Engel, ihn oder sie zu schützen.

Engel und Farben

„Sie sind die Farbe, die Sie wählen." Vicky Wall

WEISS. Mit jeder der Farben des Regenbogens sind bestimmte Engel und aufgestiegene Meister verbunden, aber alle Engel haben eine Verbindung zu Weiß. Es ist die Summe aller Regenbogenfarben. Aus folgenden Gründen haben die Farbe Weiß und weiße Federn eine besondere Verbindung zu den Engeln:

- Weiß steht für Reinheit und den Weg der Liebe und des Lichts.
- Weiß schützt.
- Weiß ist die Summe aller Farben. Die Summe ist mehr als die Teile.
- Weiß ist die Farbe der Spiritualität. Man sieht sie über dem Kronenchakra.
- Federn stehen für eine sanfte, weiche Kraft.
- Federn sind ein Symbol für das Luftelement und verbinden es mit Heilung, Kommunikation und der Seele.
- Die weiße Feder symbolisiert die Taube, also den Heiligen Geist, die bedingungslose Liebe.

Wenn Sie eine kleine weiße Feder gefunden haben, die dieses spirituelle Tor für Sie geöffnet hat, sollten Sie sie zur Erinnerung immer bei sich tragen. Wenn Sie mehrere haben, können Sie daraus einen Kreis um Ihren Altar bilden. Kristallines Weiß steht mit Seraphiel und Cassiel (und dem aufgestiegenen Meister Serapis Bey) in Verbindung und kann helfen, alles, was in Ihrem Leben bislang geschehen ist, in einen Zusammenhang zu stellen, der für Ihre Zukunft stimmig ist.

VIOLETT. Dies ist die Farbe des kosmischen Bewusstseins, unsere Verbindung mit dem Schöpfer. Sie können diese Farbe tragen, um Ihre Spiritualität zu entwickeln, und Ariel, den Engel der Erde und der Luft um Hilfe bitten. Violett ist auch eine Art spirituelles Reinigungsmittel. Es reinigt und schützt Sie vor allem Negativen (siehe auch das Ritual für Selbsttransformation, S. 33).
Violett fördert auch die mediale Entwicklung und die Erweiterung des Geistes. Bitten Sie Barakiel um Unterstützung, aber vergessen Sie dabei nicht Ihre spirituelle Entwicklung, denn man kann auch medial und unspirituell sein.

- VIER GRÜNDE FÜR BLAU:
- Heilung: Es gibt viele heilende Blautöne: Himmelblau für Kommunikation, blauviolett für Erdenergie, kobaltblau zum Ausbrennen, Rauchblau für die heilende Kraft der Luft.
- Entspannung: Wenn Sie aufgeregt sind oder nicht einschlafen können, umgeben Sie sich mit dunklem, beruhigendem Indigoblau. Diese Farbe steht auch für himmlische Weisheit und ist genauso wie Türkis mit Zadkiel verbunden.
- Schutz: Hüllen Sie sich vollständig in Michaels blauen Mantel, wenn Sie sich verletzlich fühlen.
- Himmelskraft: Blau erinnert Sie daran, dass der Himmel Ihre einzige Begrenzung ist. Blau stärkt auf andere Weise als die Erdenkraft Rot. Es steht für grenzenloses spirituelles Wachstum und ist verbunden mit Sahaquiel, dem Engel des Himmels und dem Meister El Morya.

- ROSA/GRÜN. Neben der Assoziation mit dem Herzchakra und dem Engel Haniel steht Rosa für Liebe und Mitgefühl. Grün fördert Wachstum und Erneuerung in Ihrem Leben und in Ihren Verbindungen zur Natur.

- GELB/GOLD. Wenn Sie sich Klarheit und Erleuchtung wünschen, sollten Sie gelb wählen. Es steht für Sonnenenergie und den Engel Raphael. Es ist mit dem Solar Plexus Chakra verbunden und bringt Freude, Sorgenfreiheit und Spontaneität.

- ORANGE. Stellen Sie sich Orange vor und erleben Sie Vitalität und Aktivität. Es symbolisiert Kreativität und ist die Farbe von Uriels Feuerenergie, die alle Chakren reinigen und heilen kann.

- ROT. Rubin- oder Karmesinrot ist die Farbe einer starken Basis, von Energie, Kraft und der Entschlossenheit zum Erfolg. Es steht auch für Vergebung und Neuanfang. Kontaktieren Sie bei dieser Farbe den Engel Camael. Auch der Meister Jesus wird mit Karmesinrot (und Gold) in Verbindung gebracht.

Meditation mit Michael und seinem Schwert zur Stärkung und Loslösung

Entscheiden Sie zunächst, ob Sie etwas Körperliches oder Emotionales in sich selbst oder eine Verstrickung lösen wollen. Überlegen Sie auch, welche Aspekte Sie in sich stärken oder schützen wollen. Siehe S. 26 zur allgemeinen Vorbereitung auf eine Meditation.

- Atmen Sie ein paar Mal tief durch und wenden Sie sich nach innen.
- Stellen Sie sich vor, reines weißes Licht einzuatmen.
- Beim Ausatmen stellen Sie sich vor, allen Ärger, alle Sorgen und Stress loszulassen. Entspannen Sie sich.
- Spüren Sie, wie feine Wurzeln aus Ihren Füßen in den Boden wachsen und Sie erden.
- Öffnen Sie Ihre Chakren durch das Visualisieren der Blüten, angefangen beim roten Wurzelchakra, dann über orange, gelb, grün, himmelblau, indigo und violett bis zur Krone. Sehen Sie, wie die Blüten sich öffnen und spüren Sie besonders die jeweilige Farbe in dem Körperbereich, in dem Sie etwas stärken oder loslassen wollen.
- Konzentrieren Sie sich auf das Herzchakra und bitten Sie Michael um Liebe und Licht, Liebe und Licht, Liebe und Licht. Sehen Sie ihn innerlich mit seinem Silberschwert.
- Wenn Sie eine Verstrickung mit einem anderen Menschen durchtrennen wollen, bitten Sie von Herzen darum.
- Denken Sie dann, eins nach dem anderen an das, was Sie loslassen wollen und spüren Sie es in dem zugehörigen Chakra. Stellen Sie sich vor, wie das Schwert es herausschneidet, spüren Sie, wie es Ihren Körper verlässt und in dem goldenen Licht um Sie herum verschwindet.
- Wenn alle Probleme und Verstrickungen gelöst sind, bitten Sie Michael, Sie mit Stärke und blauer Heilungsenergie zu erfüllen.
- Bitten Sie dann um Heilungsstrahlen in den Farben, die Sie brauchen und lassen Sie sie in Ihre Chakren fließen. Sehen Sie, wie jede Blüte heller strahlt.
- Schließen Sie dann die Blüten eine nach der anderen und bitten Sie Michael, sie zu versiegeln und zu schützen.
- Zum Abschluss bitten Sie Michael, Sie vollständig in seinen schützenden blauen Mantel zu hüllen. Danken Sie ihm und den anderen Engeln für ihre Hilfe. Atmen Sie ein paar Mal tief durch, um sich sanft wieder zurück zu bringen und öffnen Sie dann Ihre Augen.

Fünf leichtherzige Engelratschläge Sie können die Engel nicht nur für schwerwiegende Angelegenheiten anrufen, sondern auch für die kleinen Schwierigkeiten des Alltags. Versuchen Sie es einmal mit Folgendem:

- Wenn Sie dringend rechtzeitig zu einem Termin erscheinen müssen, bitten Sie Sadriel die Ampeln umzuschalten und Eth den Verkehr zu beschleunigen.
- Bitten Sie dann Ambriel, den Engel der Problemlösungen, Ihnen einen Parkplatz zu besorgen und vertrauen Sie darauf, dass der Parkplatz da sein wird.
- Wenn Sie mit Ihrer Arbeit in Verzug sind, bitten Sie Camael Ihnen Extra-Energie zu geben, damit sie schneller von der Hand geht.
- Wenn es in einem Raum eine Auseinandersetzung gab, bitten Sie Michael und seine Truppen den Ort zu säubern. Mit etwas Übung werden Sie spüren, wie die Energie leichter und kühler wird.
- Wenn Sie meditieren und doch das Telefon nicht abstellen wollen, bitten Sie Raphael, alle Anrufe zurückzuhalten, die nicht unbedingt notwendig sind.

ANGELIKA, DAS MICHAELS-KRAUT. Die Engelwurz (Angelica archangelica) hat vor allem in ihren Samen und Stängeln starken Bezug zu den Engeln. Die Samen sollen das Licht des Engelreichs enthalten und der Duft vermittelt kosmisches Bewusstsein und Hilfe von Ihren Schutzengeln. Der Duft der Wurzel zieht die Engel herbei und ruft das Verlangen nach spiritueller Erweiterung hervor. Das Kraut steht auch für Michaels Schwert, welches alle Falschheit durchtrennt und die Wahrheit offenbart, die das Licht in unsere tiefsten Gefühle lässt. Es kann auch Mitgefühl und Verständnis fördern.

12
1
2
3
4
5
6
7
8
9
10
11

Zadkiel: Fülle, Weisheit und Erfolg

Zadkiels Name bedeutet „Gerechtigkeit Gottes". Er ist der Herrscher des Planeten Jupiter, des sechsten Himmels und Herr über die Herrschaftsbereiche. Er hält unter anderem den Schlüssel zur Weisheit und hilft uns, den Horizont unserer Möglichkeiten zu erweitern, zum Beispiel im Beruf, wo er uns mit Wissen und Gedächtnisstärke unterstützt.

Zadkiel vereinigt freudige Fülle zusammen mit Verantwortungsgefühl und Integrität. Es gibt viele Arten der Fülle, an Geld, Güte, Gesundheit, Glück und Spiritualität. Wonach streben Sie und warum? Ist das, wonach Sie streben, nur zu Ihrem eigenen Nutzen oder beachten Sie die Auswirkungen Ihres Tuns auf andere? Erinnern Sie sich an das Gesetz des Karma, wonach alles Gute, was wir tun, zu uns zurückkommt, genauso wie alles Schlechte. Zadkiel, jener Engel, der einst Abrahams Hand davon abhielt, seinen Sohn zu töten, bittet uns, immer weise, besonnen und gnädig mit anderen umzugehen.

Es obliegt Zadkiel auch, uns in unseren Idealen zu unterstützen. Wir lassen uns so oft „um des lieben Friedens willen" auf Kompromisse ein, aber wenn es auf Kosten unserer persönlichen Werte geht, so entsteht daraus wahrscheinlich auf die Dauer nichts Gutes. Bleiben Sie also Ihren Idealen treu, auch wenn es vielleicht nicht leicht fällt. Nehmen Sie es als eine Prüfung Ihrer Entschlossenheit und Charakterstärke.

In diesem Kapitel fordern wir Sie auf, sich darüber klar zu werden, nach welcher Art von Fülle und Erfolg Sie suchen. Dann können Sie mit Hilfe der Engel Ihre persönlichen Affirmationen ins Universum senden. Wenn die Fülle bei Ihnen eintrifft, lassen Sie andere daran teilhaben. Möge Zadkiels Fülle Sie erreichen.

Seine Steine sind Lapislazuli und Türkis. Lapislazuli, auch das „Auge Gottes" genannt, wird seit Jahrtausenden als Abbild des geheimnisvollen Sternenhimmels bewundert. Man schreibt ihm Weisheit und magische Kräfte zu. Türkis ist der Stein des Mutes, der Tatkraft und der Weisheit.

Ein Engelsritual für Fülle und Erfolg

„Fülle demütig dein Herz mit Gottesliebe, dann wird dein Geist rein und mit Gottes Hilfe dein Sehnen erfüllt werden. Strebe also nach dem Guten; meide alles Böse in Gedanken, Worten oder Taten; bete zu Gott, dass er dich mit Weisheit erfülle und du wirst reiche Ernte einholen." Trithemius' Buch der Geheimnisse – Der Magus von Francis Barrett

Ist Ihr Leben so anstrengend, dass Sie den Wald vor lauter Bäumen nicht mehr sehen? Ist Ihnen alles zuviel? Welche Art von Fülle würde Sie glücklich machen? Bitten Sie den entsprechenden Engel um Hilfe: Gabriel für Hoffnung, Raphael für Gesundheit, Michael für Kraft und Sicherheit, Cassiel für Harmonie und Gelassenheit, Camael für Mut und Selbstbewusstsein, Haniel für Liebe, Zadkiel für Weisheit und Erfolg.

Jetzt müssen Sie zu einem Teil des universellen Flusses werden. Dazu können Sie eine Affirmation entsprechend der Art der von Ihnen erwünschten Fülle formulieren und Zadkiel bitten, sie ins Universum zu senden. Sie können diese Affirmation selbst verfassen oder das unten aufgeführte Beispiel verwenden.

Führen Sie dieses Ritual in Ihrem heiligen Raum bei zunehmendem Mond durch, möglichst drei Tage vor Vollmond.

Sie brauchen:
Ein dunkelblaues oder türkisfarbenes Tuch, eine passende Kerze, Weihrauchöl, einen Lapislazuli oder Türkis, Ihre vorbereitete Affirmation.

- Nehmen Sie die Kerze, ritzen Sie das Zeichen für Jupiter hinein (siehe gegenüberliegende Abbildung) und stellen Sie sie in den Osten. Segnen Sie die Kerze mit einem Tropfen Öl.
- Legen Sie den Stein in den Westen, um Ihre Basis zu stärken und für Weisheit und Wohlstand.
- Rufen Sie Zadkiel an, Ihnen im Namen Jupiters zu helfen, während Sie die Kerze anzünden, und sagen Sie, dass Sie Ihre universelle Affirmation im höchsten Sinne aussenden wollen.
- Lesen Sie dann die Affirmation laut vor. Sie können sich an folgendem Beispiel orientieren:

„Ich bin geerdet und sicher und mit Hilfe der Engel öffne ich mein Herz, um Liebe und Licht ins Universum zu strahlen. Erde, Luft, Wasser und Feuer nähren mich und geben mir Leben, Weisheit und Gesundheit. Als Gegengabe sende ich Mutter Erde Heilung, in ihre Atmosphäre und zu allem Leben darin, zu ihren Wassern und allem Leben darin, zu ihrem Boden und allem Leben darin. Ich bin Teil des Kosmcs und der göttliche Funke ist in mir. Der Fluss des Lebens fließt durch mich, die Fülle, die ich brauche, wird auf wunderbare Weise zu mir kommen und entsprechend der universellen Gesetze werde ich geben, so wie ich empfangen will, als Ausdruck meines ewigen Danks an den Schöpfer. Wie oben, so unten, wie unten, so oben."

Lassen Sie Ihre Affirmation jetzt los. Es ist nicht sinnvoll, darüber nachzugrübeln. Senden Sie sie aus und vergessen Sie sie.

Wenn möglich, lassen Sie die Kerze zu Ende brennen. Wenn nicht, ersticken Sie sie, denn beim Auspusten verlieren Sie bis zu 40 Prozent Energie.

Innerhalb weniger Wochen sollten Sie anfangen, die Fülle zu spüren. Denken Sie daran, den Engeln jetzt und weiterhin zu danken.

GLÜCKSKRISTALLE. Sie können jede Art von Stein oder Kristall verwenden, Coelestin oder Rutilquarz sind jedoch besonders geeignet. Wählen Sie einen kleinen Kristall, der gut in Ihre Hand passt. Halten Sie ihn in der linken Hand und entscheiden Sie sich für einen angemessenen Wunsch. Rufen Sie dann den Engel des jeweiligen Tages an, sprechen Sie Ihren Wunsch drei Mal über dem Kristall aus und schließen mit dreimaligem „In Liebe und Licht". Schieben Sie schließlich Ihren Wunsch mit Ihrer rechten Hand in den Kristall und schließen Sie die Hände übereinander. Ihr Wunsch ist jetzt eingeschlossen und Sie können den Kristall als Glücksbringer bei sich tragen.

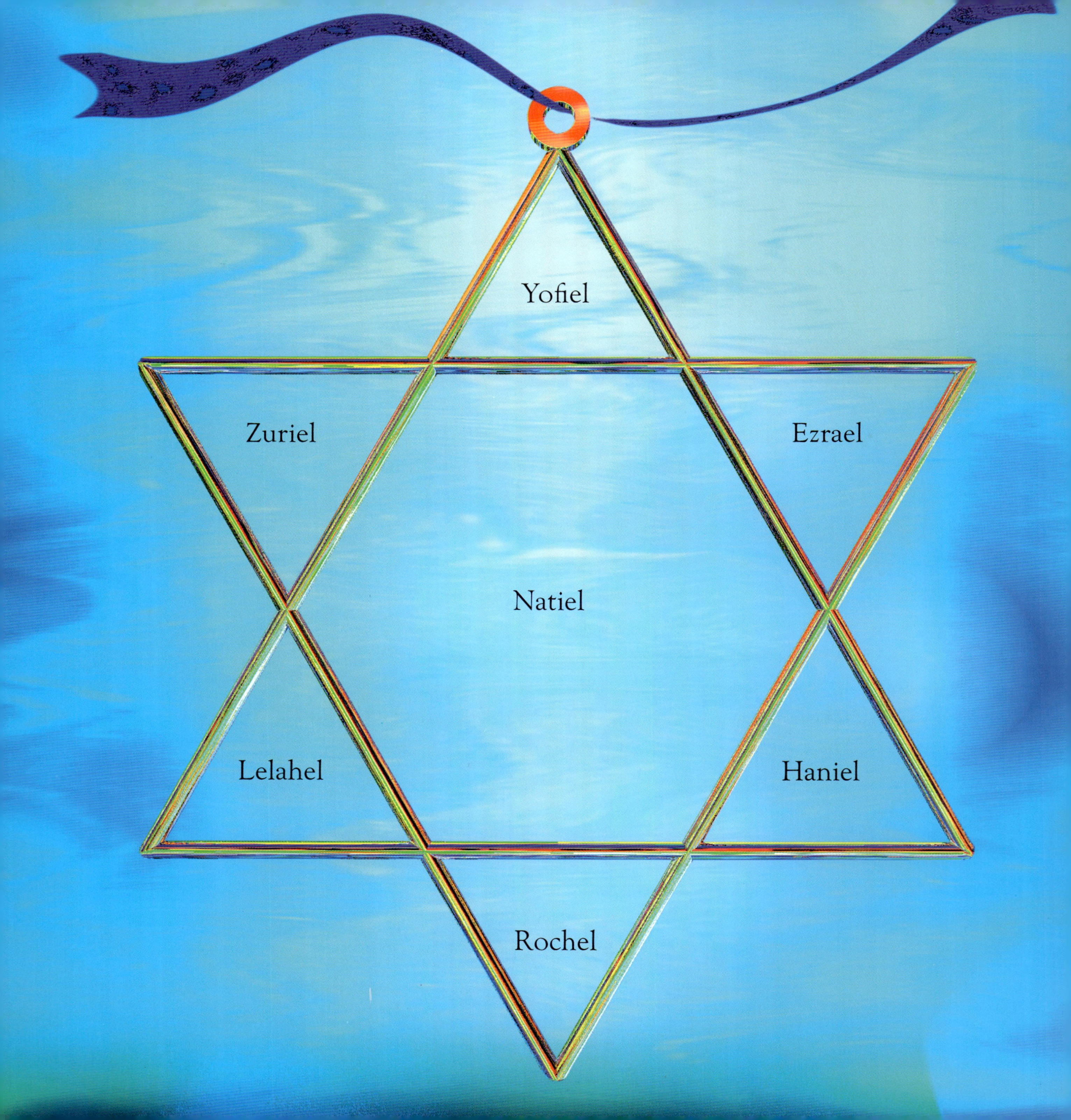

Yofiel
Zuriel
Ezrael
Natiel
Lelahel
Haniel
Rochel

Glücksbringer und Amulette

„Um den Umsatz anzuregen, machten sie ein Silbersiegel in Gestalt eines Menschen, der auf einem Stuhl sitzt und eine Waage in der Hand hält und sie salbten ihn mit herrlichen Düften.“ Talisman Magic, Francis Barrett

In vergangenen Zeiten hielt man viel von Glücksbringern und Amuletten, auf denen Engelsnamen eingraviert waren. Sie können diese Tradition wieder aufleben lassen, indem Sie einen Namen auswählen, der Sie anspricht und ihn in ein Schmuckstück eingravieren lassen oder auf ein Papier schreiben, welches Sie in Ihrer Tasche immer bei sich haben. In dem Schmuckstück könnten auch entsprechende Steine eingesetzt sein, die zu Ihrem Engel oder einem Ihrer Chakren Bezug haben.

SALOMONS SIEGEL: Der sechsstrahlige Stern. Dieses, gegenüber dargestellte, uralte Symbol ist sehr kraftvoll. Es gilt als Abbild des Makrokosmos, des ganzen Universums und der Wissenschaft von allen Dingen. Erst in jüngerer Zeit wurde er zum Davidstern.

König Salomon gilt als Inkarnation des Meisters El Morya. Er hat den berühmten, magischen Tempel in Jerusalem erbauen lassen. Er soll sein magisches Wissen aus dem *Buch Raziel* bezogen haben. Zusammen mit einem Ring, den Raziel ihm gab, gab es ihm Macht über Dämonen, die als seine Sklaven den Tempel errichteten (ein bisschen wie der Geist aus Aladins Wunderlampe).

In Kombination mit dem von Ihnen gewählten Engel kann das Salomonsiegel noch stärker als Talisman für Sie wirken. In unserer Abbildung haben wir folgende Engel gewählt:

- Natiel, um negative Energie zu zerstreuen.
- Jofiel für Glück in Prüfungen, Vorstellungsgesprächen und im Beruf.
- Zuriel für besseres Denkvermögen.
- Ezrael für Mut.
- Lelahel für Liebe, Kunst, Wissenschaft und Glück.
- Haniel für liebevolle Beziehungen.
- Rochel, um Verlorenes wieder zu finden.

Meditation für Weisheit und Glauben mit Pistis Sophia, der himmlischen Mutter

Pistis Sophia ist ein altes Symbol für Glauben und Weisheit. Die zwölf Sterne über ihrem Kopf stehen für die zwölf Tierkreiszeichen. Seit Jahrhunderten wird Sophia mit Eva, Isis, der Jungfrau Maria und Kuan Yin (der göttlichen Mutter im Buddhismus) gleichgesetzt. Sie steht Ihnen zur Seite, wenn Sie Weisheit brauchen, sie tröstet Sie und hilft Ihnen, trotz widriger Umstände zu Glück und Erfolg zu finden.

Beginnen Sie die Meditation in der üblichen Weise. Erinnern Sie sich, dass die linke Hand Energie aufnimmt und die rechte sie wieder an das Universum zurück gibt. Mit den Füßen verhält es sich genauso.

- Legen Sie Ihre Hände mit den Handflächen nach oben in den Schoß.
- Atmen Sie ein paar Mal tief ein und aus und wenden Sie sich nach innen. Bitten Sie um Zadkiels und Sophias Beistand.
- Öffnen Sie Ihre sieben Chakren und lassen Sie Wurzeln in die Erde wachsen.
- Stellen Sie sich vor, wie goldenes Licht in Ihr Kronen-Chakra strömt und spüren Sie, wie dieses Licht und diese Liebe nach unten fließen.
- Diese Heilenergie wird dann bis in Ihre Füße strahlen.
- Schicken Sie sie durch Ihre Füße in die Erde.
- Werden Sie jetzt durch Ihr Herzchakra zu einem Teil des Unendlichkeitssymbols (siehe die gegenüberliegende Abbildung der ewigen Mutter Sophia).
- Beginnen Sie, mit Ihrem linken Fuß blaue Erdenergie nach oben zu ziehen, durch das Wurzel- und das Sakral-Chakra bis zum Herz-Chakra und hinunter in Ihre rechte Hand.
- Stellen Sie sich vor, wie die zwölf Sterne von Ihrer rechten bis zur linken Hand einen Bogen über Ihrem Kopf bilden. Ziehen Sie die goldene Sternenfeuerenergie über Ihren linken Arm wieder zurück ins Herz-Chakra.
- Schicken Sie die Energie jetzt in Ihr rechtes Bein und in die Erde, wo sie sich mit der tiefblauen Energie und dem Kristall im Herzen der Erdmutter verbindet.
- Sie sind jetzt durch das Unendlichkeitssymbol mit der universellen Quelle verbunden.
- Bitten Sie Sophia, die Verkörperung des Mitgefühls und der Güte, Ihnen im Umgang mit den zwölf Sternen zu helfen. Spüren Sie die Stärke und die Führung, die von den Sternen und der Erde in Sie fließt.
- Kehren Sie nun in das Jetzt zurück, versiegeln Sie Ihre Chakren und danken Sie den Engeln.

Sichtbare Zeichen spirituellen Wachstums

„Es erschien ein Engel im weißen Gewand, Himmel und Erde berührend. Seine Flügel waren Flammen und sein Haupt war goldumglänzt." *The Symbolism of the Tarot*, P.D. Ouspensky

DIE REGENBOGENFARBENE AURA. Direkt um Ihren Körper herum gibt es eine etwa drei Zentimeter dicke Schicht, die man die ätherische Hülle oder die Aura des physischen Körpers nennt. Ihre Farbe variiert je nach Ihrer Verfassung. Wer die Aura sehen kann, erkennt hieran sofort, ob ein Mensch krank ist oder gesund. Bei den meisten Menschen ist sie hellblau und wird mit zunehmender spiritueller Entwicklung lichter.

Die ätherische Aura strahlt von dieser ätherischen Hülle aus. Bei einem gesunden Menschen besteht sie aus den Farben des Regenbogens entsprechend den Chakren, so dass die körpernächste Schicht rot und die körperfernste Schicht violett ist.

Die Energien von Chakren und Aura verleihen uns Gesundheit. Ein Körperbereich, dem es nicht gut geht, hat auch eine getrübte Chakrafarbe und Aura. Wenn jemand sehr krank ist oder drogenabhängig, ist die Aura dunkel und verzerrt. Sie wird stark von unseren Gefühlen beeinflusst, je glücklicher, desto heller. Unterdrückte Wut ruft rote Flecken hervor. Bei kranken oder nicht gut geerdeten Menschen ist die Aura schwach und dünn und kurz vor dem Tod verschwindet sie ganz.

Die Farben dieses Ätherleibs sind durchsichtig und erscheinen denen, die sie sehen können, wie lebendig. Die Größe der Aura ist nicht festgelegt und fluktuiert mit unseren Aktivitäten. Sie erweitert sich, wenn man mit Freunden zusammen ist und zieht sich zusammen, wenn die Gesellschaft unangenehm ist. Menschen, die spirituell und psychisch wachsen wollen, öffnen langsam ihre spirituellen Chakren (Krone, Stirn und Hals). Diese erweitern sich dann (das Kronen-Chakra bildet einen Halbkreis nach oben) und verfeinern die ätherische Hülle, die dadurch reinweiß werden kann.

AURA VON TIEREN, PFLANZEN UND KRISTALLEN. Erwachsene Menschen sind die einzigen Wesen mit regenbogenfarbenen Auren (bei Säuglingen sind sie hellblau oder grün). Aber auch alle anderen Wesen besitzen eine Aura, selbst nach unseren Begriffen leblose Gegenstände wie Kristalle, die manchmal eine leicht rauchige Abstrahlung haben. Die Auren der Pflanzen sind mehr gelblich getönt, während die der Tiere eher blau und grün sind.

AUREN SEHEN UND SPÜREN. Mit etwas Übung können Sie Ihre Aura um sich herum spüren: Wenn Sie Ihre Arme ausstrecken und dann langsam Ihre Hände wieder Ihrem Körper näher bringen, können Sie den Unterschied zwischen den verschiedenen Schichten spüren. In der Nähe des Körpers fühlt es sich weicher und sanfter an, weiter weg fühlt sich die Aura stärker an.

Im Laufe der Zeit spüren Sie auch, wie sich Ihr Energiefeld verändert, wenn Sie die Engel zu sich rufen. Wenn Sie Ihre Hände ausstrecken, können Sie fühlen, wie die Engel darüber streichen.

Und mit Übung werden Sie auch lernen, Auren zu sehen. Probieren Sie es erst mit sich selbst. Verdunkeln Sie dazu den Raum, halten Sie die Hände vor sich mit den Handrücken zum Körper und den Fingerspitzen zueinander, so dass sie sich fast berühren. Wenn Sie sie dann langsam voneinander entfernen, sehen Sie vielleicht eine blasse Ausstrahlung zwischen ihnen – fast wie einen Kondensstreifen. Mit etwas Übung wird es Ihnen immer besser gelingen.

HEILIGENSCHEIN: EIN ABBILD DES WEGS DER LIEBE UND DES LICHTS. Der weiße oder goldene Heiligenschein, der in religiösen Kunstwerken oft um den Kopf von Heiligen und Engeln dargestellt wird, ist Ausdruck des Lichts, welches von diesen Wesen ausstrahlt. Bei den meisten Glaubenssystemen geht es im Grunde darum, den „Weg des Lichts" zu finden. Einmal gefunden, erfüllt das Licht den Zentralmeridian und wird über dem Kronenchakra sichtbar. Weiß ist die Summe aller Chakrafarben. Manchmal wird es auch als tausendblättriger Lotus dargestellt. Engel sind reiner Geist und werden oft mit weißgoldener Ausstrahlung wahrgenommen. Dieses Licht stellen wir uns vor, wenn wir in Meditationen oder anderen Übungen darum bitten, vom Licht der Engel umgeben und geschützt zu sein.

Das Streben nach Ruhm und Reichtum

*„In der Tiefe der Nacht, wenn Schläfrigkeit die sterblichen Sinne verschließt,
lausche der Musik der himmlischen Sirenen, die auf neun eingefalteten Sphären sitzend
jenen singen, die die lebenswichtige Schere halten und die ewige Spindel drehen,
welche die Fäden der Götter und Menschen wirkt.“* *Arcades*, John Milton

AUF DER SUCHE NACH KÜNSTLERISCHER INSPIRATION. Es gibt eine Reihe von Engeln, die besondere Verantwortung für die Welt der Künste und Künstler übernommen haben. Wer nach seelenerfüllter Inspiration sucht oder als Musiker sein Bestes geben will, kann Israfel, den Engel der Musik; Hariel, den Engel der Wissenschaften und Künste oder Radueriel, den Meister der Musen um Hilfe bitten.

Falls Sie einen Engel um künstlerische Inspiration für den Neubeginn eines Projektes bitten wollen, sollten Sie das drei Tage vor Neumond tun (niemals genau zum Neumond, denn dann ist das Verhältnis zwischen Dunkelheit und Licht im Ungleichgewicht). Um ein wichtiges Projekt zu einem guten Abschluss zu bringen, rufen Sie die Engel am besten zum oder kurz vor dem Vollmond an.

Bei kreativen Projekten im Freien rufen Sie am besten Cassiel um Hilfe, den Engel der Harmonie mit der Natur, den Jahreszeiten, der Umwelt und den Elementen.

KREUZWEGE. Manchmal müssen im Leben Entscheidungen gefällt werden, die ein gewisses Risiko beinhalten. Unser Wille befähigt uns, zwischen verschiedenen Optionen zu wählen. Bitten Sie Tabris, den Engel des freien Willens, Ihnen zu helfen, sich in Ihrem höchsten Sinne zu entscheiden. Barakiel ist der Engel der Sternzeichen Fische und Skorpion, aber auch der Engel der Glücksspiele. Er kann Glück im Spiel bringen, aber seien Sie nicht zu gierig. Wenn es um Geld geht, werden Sie wahrscheinlich nur so viel gewinnen, wie Sie unbedingt brauchen.

Wenn Sie sich um die Zukunft sorgen, können Sie Oriel, den Engel der Bestimmung anrufen, dass er Ihnen die Demut gebe, Ihr Schicksal so anzunehmen, wie es für Sie vorgesehen ist.

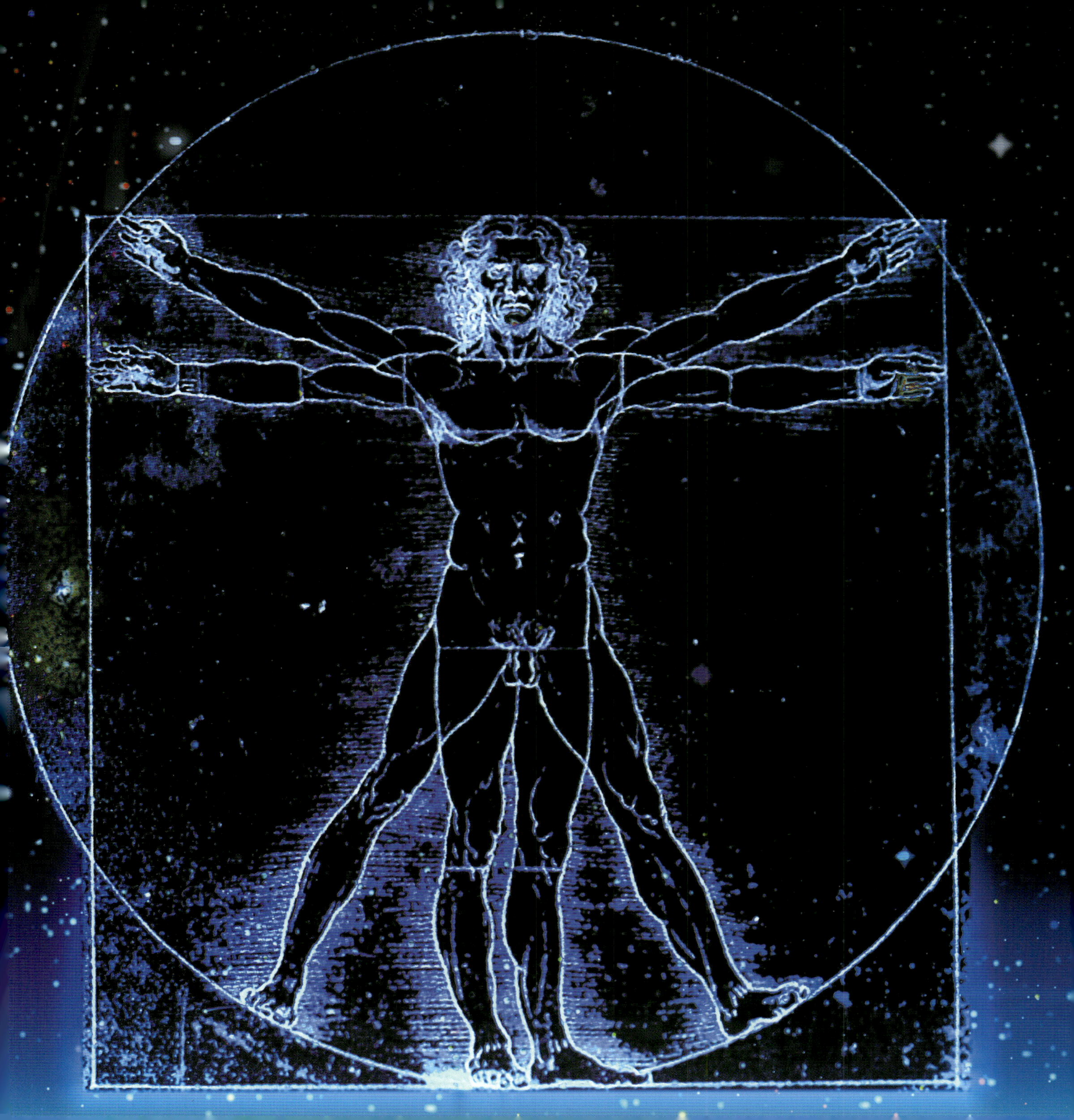

Haniel: *Liebe, Mitgefühl und Schönheit*

Haniel regiert im dritten Himmel und gehört zu den Schöpfungsengeln. Sie (Haniel ist weiblich) ist mit Venus verbunden und verantwortlich für alles, was mit Liebe, Freundschaft, Beziehungen und Sexualität zu tun hat. In alten Zeiten hat man sie mit der chaldäischen Göttin Ishtar in Verbindung gebracht. Ihr unterstehen der Monat Dezember und das Sternzeichen des Steinbocks. Ihr Name stand jahrhundertelang auf Talismanen und Amuletten.

Liebe ist die stärkste Kraft im Universum, sei es die Liebe in Beziehungen, Ehen, Elternschaft, Freundschaft oder zur Erde. Die Hauptaufgabe der Engel der Tugenden, denen Haniel vorsteht, ist das Vollbringen von Wundern. Sie schenken den Würdigen Gnade und Tapferkeit und zeigen uns, wie wir miteinander und unserer Umwelt umgehen sollten. So sollte unser Mitgefühl denen gelten, die weniger Glück haben als wir, und Haniel kann uns dabei helfen. Doch vor allem geht es hier um Selbstliebe in dem Sinne, dass Sie sich mit sich selbst wohl fühlen. Wir alle haben Schwächen, und wir arbeiten daran, sie mit Hilfe unserer Stärken zu überwinden. Wir lieben unsere Lieben, so wie sie sind, mit all ihren Schwächen, und sie lieben uns genauso. Es ist unwichtig, ob Sie ein hübsches Gesicht oder einen perfekten Körper haben – Schönheit entsteht durch die Ausstrahlung Ihrer Seele. Lernen Sie, der leisen, inneren Stimme Ihres Herzens zu folgen.

Wenn Ihr Selbstwertgefühl gering ist, wird dieses Kapitel Ihnen helfen. Der Mensch wurde nicht allein auf die Reise geschickt. Bitten Sie Haniel, Sie mit Menschen in Kontakt zu bringen, die Sie auf allen Ebenen fördern.

Wenn Sie schüchtern sind und schwer Freundschaften schließen, bitten Sie Haniel um Hilfe gegen Ihre Schüchternheit, Camael für Stärke und Mut und Michael, um die richtigen Worte für den Beginn eines Gesprächs zu finden. Wenn Sie dann noch gut zuhören können, werden Sie viele Bewunderer gewinnen.

Haniels Steine sind Rosenquarz, Smaragd, Jade und Turmalin. Rosa Kristalle beziehen sich auf Liebe, Freundschaften und Herzensangelegenheiten, Grün steht für persönliche Entwicklung und Wachstum.

Selbstliebe lernen

„Man sieht nur mit dem Herzen gut, das Wesentliche ist für die Augen unsichtbar."

Der kleine Prinz von Antoine de Saint-Exupery

Viele Menschen fühlen sich eingeschränkt durch das, was sie meinen, dass andere über sie denken. Sie fürchten, nicht den allgemeinen Schönheitsstandards zu entsprechen und dass sie deswegen niemand lieben wird. Doch wahre Schönheit kommt von innen, vom Geist.

Lernen Sie, das Beste aus sich zu machen und betonen Sie Ihre guten Seiten. Verbringen Sie Ihr Leben nicht damit, auf das Aussehen anderer neidisch zu sein, denn wir werden alle alt. Akzeptieren Sie, dass weder Sie noch die Welt vollkommen sind. Seien Sie freundlich zu sich selbst mit all Ihren Schwächen, so können Sie auch anderen gegenüber toleranter sein. Wenn Sie mit sich selbst ganz zufrieden sind, wird Ihre Liebe ganz selbstverständlich fließen. Je positiver Sie sich selbst gegenüber sind, desto mehr können Sie in Bewegung setzen. Bitten Sie Haniel, Sie mit Liebe und Wärme zu erfüllen, dann können Sie auch anderen davon abgeben.

Seien Sie mutig! Ihr Aussehen zu verändern kann Spaß machen und sowohl Ihre Gefühle gegenüber sich selbst als auch die Reaktionen von anderen verändern. Nehmen Sie sich selbst nicht zu ernst und lernen Sie, ein bisschen über sich selbst zu lachen – es wird Ihnen gut tun!

Färben Sie am Wochenende Ihr Haar einmal in einer knalligen Farbe und treten Sie vor die Tür. Der erste Schritt ist der schwerste. Wenn Sie erst die Blicke all derer ausgehalten haben, die sich so etwas nie trauen würden, wird man Ihren Mut bewundern. Das wird Sie freier davon machen, so viel auf die Meinung anderer zu geben. Dann werden Sie endlich Sie selbst werden.

EINE ENGELSGESCHICHTE. Eine Freundin von mir sorgte sich ständig wegen der Essstörungen ihrer Tochter. In einem Traum zeigten ihr die Engel die dahinterliegende Ursache: Sie sah einen Engel, der ihrer Tochter (einem sehr hübschen Mädchen) einen Spiegel zeigte. Die Tochter sah das Spiegelbild einer sehr hässlichen Person. „Wer ist das?", fragte sie. „So siehst du dich", antwortete der Engel. „Und jetzt sieh dich, wie du wirklich bist." Da verwandelte sich das Spiegelbild in ihr eigentliches hübsches Selbst. „Wenn du erkennen kannst, wie hübsch du eigentlich bist und Liebe für dich empfinden kannst, dann wirst du diese Probleme nicht mehr haben", riet der Engel.

Selbstvertrauen und Selbstwertgefühl

„Neben einem gewissen Maß an Disziplin sei gut zu dir....
Du bist nicht weniger ein Kind des Universums als es die Bäume und die Sterne sind.“ Desiderata

Haniel sorgt für Selbstvertrauen und Selbstwertgefühl, da diese für ein inneres Glück unentbehrlich sind. Denken Sie an Ihre Talente und wie Sie auf andere wirken. Suchen Sie um jeden Preis nach Bestätigung? Verlassen Sie sich nicht so sehr auf andere, was Ihre Selbstbestätigung betrifft. Es sagt sich leicht, man sei halt unbegabt, aber jeder von uns hat irgendwelche Gaben. Seien Sie stolz auf die Ihren und denken Sie daran, dass die anderen Ihnen oft Ihr eigenes Selbstbild reflektieren. Wenn Sie sich für nichts Besonderes halten, wie können Sie es dann von anderen erwarten?

Genauso schwierig kann es sein, wenn Sie nach außen den Anschein von Selbstbewusstsein erwecken, aber damit nur Ihre innere Unsicherheit überspielen. Bestimmte Tierkreisengel können Ihnen dabei helfen, diese Schwäche zu überwinden. Muriel (Krebs) kann Liebe mit Stärke verbinden und hilft bei zu großer Verletzlichkeit; Tual (Stier) verleiht das Gefühl von Sicherheit; Machidiel (Widder) gibt Tatkraft und in allen physischen Dingen können Sie Hamaliel (Jungfrau) um Hilfe bitten.

Bei Minderwertigkeitsgefühlen können Sie Metatron („Gott im Menschen“) anrufen. Er gilt als der hochgewachsenste unter den Engeln und sein Gesicht soll heller strahlen als die Sonne. Er zeigt uns, dass wir alle einen göttlichen Funken in uns tragen. Wenn Sie in Ihren Träumen ein hoch aufragendes Wesen sehen, könnte das Metatron sein, der in Ihrem Unterbewusstsein wirkt, um Sie wieder mit Gott zu verbinden.

EINE ENGELSGESCHICHTE. Karen kam zu meinem ersten Regenbogen-Engel-Seminar. Als wir über die verschiedenen Engel sprachen, fühlte Sie sich instinktiv zu Haniel hingezogen und beschloss, sie zu ihrem Schutzengel zu machen. Karen neigte dazu, in der Öffentlichkeit plötzlich stark verunsichert über ihr Aussehen zu sein. Ihr wurde dann ganz heiß und sie fühlte sich unwohl. Am nächsten Abend ging sie mit ihrem Mann aus und das Gefühl überkam sie wieder. Ihr Mann fragte sie, ob sie nicht in dem Kurs etwas gelernt hätte, was ihr helfen könne. Da erinnerte sie sich daran, Haniel um Hilfe zu bitten und sofort verschwanden Hitze und Unwohlsein. „Wie weggezaubert“, berichtete sie mir später.

Den richtigen Lebenspartner finden und halten

Vorausgesetzt Ihre Absicht ist rein, können Sie diese moderne Version eines Liebeszaubers einmal ausprobieren. Die beste Zeit ist das erste Drittel des zunehmenden Mondes.

Sie brauchen:
Einen Kristallkelch, Quellwasser, rosa oder weiße Blütenblätter (am besten Rose), Rosenöl (oder Jasmin, wenn Ihnen das lieber ist), einen kleinen Obsidian (wenn möglich).

Begeben Sie sich an Ihren heiligen Platz. Stellen Sie sich vor, von weißem Licht umgeben zu sein, welches Sie durch Ihr Kronenchakra in sich ziehen und von dort in Ihren rechten Arm fließen lassen. Ziehen Sie einen Lichtkreis um sich herum, indem Sie Zeige- und Mittelfinger der rechten Hand ausstrecken und sich vorstellen, dass sie weißes Licht wie aus einer Stableuchte ausstrahlen. Beginnen Sie im Norden und ziehen Sie im Uhrzeigersinn dreimal einen Kreis um sich herum. Das bildet einen Schutzkreis. Streuen Sie, wenn möglich, einen Kreis von Blütenblättern um sich herum.

Mischen Sie in dem Kelch das Wasser mit ein paar Tropfen Rosenöl. Halten Sie den Kelch in der linken Hand und rufen Sie Haniel „In Liebe und Licht, In Liebe und Licht, In Liebe und Licht". Sprechen Sie dann über dem Kelch ein angemessenes Liebesgedicht und schließen Sie mit dem Namen der Person, die Sie lieben. Bitten Sie Haniel, für Gegenliebe zu sorgen. Tauchen Sie Ihren linken Zeigefinger in das Öl und schreiben Sie damit den Namen dieser Person in Ihre rechte Handfläche.

Schließen Sie Ihren Lichtkreis, indem Sie den Obsidian in der rechten Hand halten (oder sich das vorstellen). Ziehen Sie wieder von Norden aus drei Kreise um sich, allerdings diesmal entgegen dem Uhrzeigersinn. So gehen Sie in Frieden. Danken Sie Haniel für ihre Unterstützung.

Wenn Sie dann in einem geeigneten Augenblick die rechte Hand der geliebten Person mit Ihrer rechten Hand berühren, wird es die Liebe in deren Herzen erwecken. Sie können auch statt dessen mit Ihrer linken Hand den Namen auf ein Stück Papier schreiben und es dann mit der rechten Hand unter das Kopfkissen der Person schieben. Dann wird sie nicht einschlafen können, ohne an Sie zu denken und das wird die Liebe in ihr erwecken.

Liebevolle Beziehungen

„Die Seele kann ohne Liebe nicht leben. Alles hängt davon ab, ob sie ein würdiges Objekt findet.“ St Francis de Sales

LIEBE UND LEIDENSCHAFT. Engel sind reine, bedingungslose Liebe und können uns durch ihr Beispiel helfen, unsere Liebe zu anderen zu entwickeln.

Neben Haniel, die über Liebe und Sexualität wacht, können Sie auch Schekinah um Weisheit bitten. Dieses himmlische Wesen wird manchmal auch als der weibliche Aspekt Gottes bezeichnet und mit dem Heiligen Geist gleichgesetzt. Die Legende berichtet, dass sie zum ersten Mal von Abraham aus dem zweiten Himmel herabgerufen wurde, um unter dem Baum des Lebens im Garten Eden zu wohnen. Im jüdischen Glauben kann man um ihren Segen für die richtige Partnerwahl bitten.

Wenn Sie in sexuellen Dingen Hilfe brauchen, z. B. weil Sie Ihrem Partner größtmögliche Liebe und Befriedigung geben möchten, dann bitten Sie im Stillen im entsprechenden Augenblick Haniel um Hilfe, und vergessen Sie das „In Liebe und Licht“ nicht. Sie können auch Camael um mehr Energie und Leidenschaftlichkeit bitten.

Wenn Eifersucht entstanden ist, bitten Sie Michael entweder um die Kraft, sie zu überwinden, oder um sein Schwert, um die Verbitterung loszulassen. Und falls Sie in Ihrem Inneren wissen, dass es Zeit für Sie ist, die Beziehung zu verlassen, bitten Sie Schekinah um Hilfe, denn Sie ist auch der Engel der Befreiung.

ENGEL DER EMPFÄNGNIS UND GEBURT. Vielleicht sehnen Sie sich nach einer Familie, sind aber so mit Ihrem Alltag beschäftigt, dass Sie es nicht schaffen, sich Zeit und die rechte Atmosphäre zu verschaffen, um zu empfangen. Begeben Sie sich in Ihr privates Heiligtum, um zur Ruhe zu kommen und bitten Sie Arduisher (der zoroastrische Engel der Empfängnis und Geburt) um Hilfe. Sie können auch die fruchtbarkeitsbringende Yusamin anrufen, die in den Quellen des Lichts wohnt oder Samandriel, der Ihr Gebet um Empfängnis bis zum rechten Augenblick bewahrt; Sie können ebenfalls Pistis Sophia oder die aufgestiegene Meisterin Kuan Yin um Hilfe bitten.

Für eine glückliche Geburt können folgende Namen, dem Buche Raziels entsprechend, bei sich getragen, unters Kopfkissen gelegt oder angerufen werden: Michael, Gabriel, Raphael, Haniel, Zadkiel, Uriel, Kidumiel und Rumiel. Außerdem sorgt Telemuch für Frühgeborene.

Bitten Sie die Engel immer, Ihnen in Ihrem höchsten Sinne zu helfen. Vielleicht ist es nicht in Ihrem höchsten Sinne, ein Kind zu haben. Sollte das der Fall sein, bitten Sie Oriel, den Engel der Bestimmung, um Unterstützung, um die Situation anzunehmen.

ENGEL FÜR KINDER UND HAUSTIERE. Ab ungefähr vier Jahren lieben es Kinder, über Engel zu reden und von ihnen zu erfahren. Viele erinnern sich mit Leichtigkeit an einige der Namen. Wenn Sie den Kindern von den Engeln für die einzelnen Wochentage erzählen, bringen Sie dem Kind den Namen seines Geburtstagsengels bei. Sie könnten ihn auch auf ein kleines Medaillon eingravieren lassen, welches das Kind tragen kann, wenn es alt genug ist. Koralle und Bernstein haben eine gute Verbindung zu Säuglingen und Kleinkindern und bilden einen starken Schutz.
Es gibt auch spezielle Engel für Haustiere (Wildtiere siehe S. 76). Tubiel wacht über die Vögel und den Sommer und Hariel schützt die zahmen Tiere. Manakel sorgt für alle Wasserwesen und Arariel für die Fische. Wenn es passt, können Sie Ihr Tier halten, während Sie den entsprechenden Engel anrufen. Wenn es Heilung braucht, bitten Sie den Engel, durch Ihre Hand Heilungsenergie fließen zu lassen. Wenn Ihr Tier sehr krank ist oder im Sterben liegt, bitten Sie den entsprechenden Engel, ihm beim Loslassen zu helfen.

EINE ENGELSGESCHICHTE. Ein sieben Jahre alter Junge namens Joschua war mit seiner Mutter bei einem Engelkarten-Abend und durfte seine eigene Karte ziehen. Er zog verdeckt eine Karte und zu ihm kam Camael, der Engel der Gerechtigkeit, Ermächtigung und des Muts. Als wir darüber sprachen, stellte sich heraus, dass er in der Schule Schwierigkeiten mit stärkeren Jungen hatte. Camael sagte ihm, dass er ihn um Hilfe bitten könne. Später hörte ich, dass Joschua danach oft aus der Schule kam und erzählte, dass er heute wieder Camael um Hilfe gegen die stärkeren Jungs gebeten hätte und dass es gut helfen würde.

Haniels rosa Spiegel der Liebe: ein Schutz für gute Zuhörer

„Wenn Sie Ihren Nächsten betrachten und seine wahre Bedeutung erkennen, und dass er sterben wird, dann keimt Mitgefühl in Ihnen auf und Sie werden ihn schließlich lieben." George Ivanovitch Gurdjieff

Diese Visualisierung kann sehr hilfreich sein bei Familienkonflikten oder im Umgang mit Menschen, die ständig mit ihren Problemen zu Ihnen kommen.

Vor allem Menschen, die gut zuhören können, bekommen im Leben eine Menge Negativität ab. So gibt es Menschen (oft Verwandte oder Freunde), die voller Wut, Bitterkeit oder Traurigkeit sind und ihre Gefühle irgendwo abladen müssen, um sich besser zu fühlen. Andere sind einfach mit ihrer Situation unzufrieden und suchen jemanden, dem sie etwas vorjammern können. Und dann gibt es noch jene, die einfach in allem nur das Schlimme und Schlechte sehen.

Für Sie als Zuhörer ist es in jedem dieser Fälle so, dass es dem anderen hinterher besser und Ihnen schlechter geht. Das kann auf die Dauer Ihr Energieniveau schädigen, vor allem, wenn es sich um Familienmitglieder handelt, denen Sie nicht entkommen können. Die folgende Übung kann Ihnen helfen, dem vorzubeugen und langfristig auch dem anderen eine positivere Haltung vermitteln.

Wenn Sie in der Situation sind, stellen Sie sich einen großen runden Spiegel zwischen sich und der anderen Person vor, der zu der oder dem anderen zeigt. Weil Sie diesen Spiegel mit Liebe erzeugen, reflektiert er rosa Licht, die Kraft der Liebe. Wenn die dunkle, negative Energie auf den Spiegel auftrifft, kann sie nicht zu Ihnen durchdringen, sondern wird durch die in dem Spiegel enthaltene Liebe in reine positive Energie verwandelt und so zu der Person zurückreflektiert. So tun Sie dem anderen etwas Gutes und schützen gleichzeitig sich selbst. Wenn das Problem mit einer Person besteht, die mit Ihnen zusammen lebt, sollten Sie diese Visualisierung über drei Siebentageszyklen hinweg aufrecht erhalten. So können Sie tatsächlich anfangen, die Haltung der anderen Person grundsätzlich zu verändern – und das ist doch auf jeden Fall die Mühe wert.

Cassiel: *Frieden, Harmonie und Gelassenheit*

Cassiel heißt „Geschwindigkeit Gottes". Er ist der Engel der Einsamkeit und Tränen, Herrscher des siebten Himmels, der Cherubim und des Planeten Saturn. Er gilt traditionell als der Engel der Mäßigkeit, steht also für Licht und Schatten oder Freude und Traurigkeit, die in ausgeglichenem Maß für Gelassenheit sorgen. Er inspiriert uns, ein möglichst moderates, harmonisches Leben zu führen.

Ist Ihr Leben ruhig und harmonisch oder erdrücken Sie Stress und Unordnung? Vielleicht müssen Sie auch mit überwältigender Traurigkeit fertig werden. Jeder von uns braucht Zeit zur Kontemplation, um die Ursachen von Disharmonien zu erkennen und zu verändern. Nur mit diesem Wissen können wir inspiriert handeln, Herausforderungen zu Chancen werden lassen und Licht und Schatten ins Gleichgewicht bringen. Dieses Kapitel lädt Sie ein, wieder zu Frieden und Gelassenheit zu finden.

Die Essener, vor etwa 2.000 Jahren, glaubten daran, dass zur Ganzheit ein Gleichgewicht zwischen dem Physischen und dem Spirituellen notwendig sei und dass der Schlüssel dazu in der täglichen Kommunion mit den Engeln liege. Was brauchen wir heutzutage mehr als dieses Gleichgewicht, in uns selbst und in unserer Umwelt?

Wenn Sie sich mit Verlusten, Kummer oder Zurückweisungen herumschlagen, fühlen Sie sich vielleicht manchmal einsam und verloren in der Dunkelheit. Wir alle sind Teil des kollektiven Bewusstseins der Natur. Wir spiegeln ihre vollkommene Form, so wie sie ein Fragment der Galaxis ist und diese wiederum ein Fragment der Schöpfung. Wenn wir die Natur und die Erde respektieren und uns mit Hilfe der Engel mit ihr in Harmonie bringen, können wir selbst ins Gleichgewicht kommen. In jedem von uns ist ein göttlicher Funke, von manchen Seele genannt. Wenn wir uns von hier aus dem Licht und der Liebe öffnen, werden wir spirituell zu einem Teil des kosmischen Netzes, welches uns umgibt und brauchen uns nie wieder allein zu fühlen. Die Kristalle von Cassiel sind Obsidian, Onyx, Rutilquarz und schwarzer Achat. Obsidian zeigt uns das Licht der Hoffnung im Schatten. Onyx schützt vor Feinden. Schwarzer Achat gibt Mut.

Die Vergangenheit loslassen, um Frieden zu finden

„Im Rückblick erinnern wir uns nur an die schwierigen Zeiten unseres Lebens, nie an die friedvollen. Letztere sind Schlaf, während erstere mühsam sind und daher Leben.“ George Ivanovitch Gurdjieff

Die meisten von uns fühlen sich auf irgendeine Art unsicher. Das meiste davon stammt aus Zeiten, in denen unsere Eltern oder Partner uns das Gefühl gaben, dass unsere Leistungen oder unser Verhalten nicht gut genug seien.

Gedankenformen können positiv oder negativ sein. Wie bereits gesagt, können negative Gedankenformen auf die Dauer zu Depression oder Krankheit führen. Positive Gedankenformen können uns dagegen helfen, aus Herausforderungen Chancen zu machen, Ziele zu setzen und zu erreichen und anderen besser zur Seite zu stehen. Wenn Sie sich jedoch an einem Tiefpunkt in Ihrem Leben befinden, vielleicht durch einen Verlust oder durch eine Zurückweisung, so kann es schwer sein, irgendeinen positiven Gedanken zu fassen. Dann brauchen Sie Hilfe von den Engeln.

Zagzagel, der Engel der Weisheit, hilft Ihnen, den besten Weg zu finden, mit einer Situation aus der Vergangenheit umzugehen. Schekinah, die Befreierin, unterstützt Sie, wenn es Zeit ist, weiterzuziehen. Wenn Sie jemanden verloren haben oder einem Menschen beistehen wollen, der einen Verlust erlebt hat, bitten Sie Rachmiel, den Engel der Gnade und Barmherzigkeit um Hilfe dabei, den Dahingegangenen loszulassen und im Frieden zu sein. Sie können Rachmiel auch zu Ihren Lieben senden, um ihnen über einen Verlust hinwegzuhelfen.

Versuchen Sie es auch mit der Visualisierung der Harmonie (s. S. 74) oder der Meditation mit den Engeln der Elemente (s. S. 80), um einen Weg des Friedens und der heiteren Gelassenheit zu finden.

EINE ENGELSGESCHICHTE. Eine Frau erzählte mir folgende Geschichte: In ihrer Meditation bemerkte sie einen hoch aufragenden, wunderbaren Engel neben sich, der ihre Hand nahm und sie tröstete. „Warum bist du so viel größer als ich?“, fragte sie. „All die Sorgen und der Kummer, die du nicht hinter dir lassen willst, behindern dein Wachstum“, erwiderte er. Sie nahm sich das zu Herzen und bat um Hilfe dabei, all das loszulassen, was ihr seit Jahren auf der Seele lag und fing an, ihren Teil dazu zu tun. In einer späteren Meditation nahm sie den gleichen Engel wieder wahr, doch jetzt war sie fast genauso groß wie er. „Siehst du“, sprach er, „ich bin nicht kleiner geworden, sondern du bist gewachsen. Weil du daran gearbeitet hast, deine Vergangenheit loszulassen, hast du dich spirituell entwickelt.“

Eine Visualisierung für Harmonie: Der Kreis des Lebens und das kosmische Netzwerk

„Ihr seid nicht in euren Körpern eingeschlossen, noch an die Häuser und Felder gebunden.

Das, was ihr seid, wohnt über dem Berg und treibt mit dem Wind.

Es ist nicht etwas, das in der Sonne kriecht, um sich zu wärmen oder Löcher ins Dunkel gräbt, um sicher zu sein,

sondern etwas Freies, ein Geist, der die Erde umhüllt und sich im Äther bewegt.“ Der Prophet, Khalil Gibran

Führen Sie diese Meditation, wenn möglich, in Ihrem privaten Heiligtum (im Haus oder im Freien) durch.

- Atmen Sie ein paar Mal tief durch, entspannen Sie und wenden Sie Ihre Aufmerksamkeit nach innen.
- Atmen Sie reinweißes Licht ein und atmen Sie alles aus, was Sie loswerden wollen
- Während Sie tief ein- und ausatmen, stellen Sie sich vor, von weißem Licht erfüllt zu sein.
- Atmen Sie weißes Licht aus und sehen Sie, wie es sich nach oben hin ausdehnt und weiter wird, bis Sie am Anfang eines Tunnels aus weißem Licht stehen, der sich von Ihnen weg in Spiralen windet. Bitten Sie den Engel Cassiel zu sich, während Sie durch den Tunnel hindurchreisen.
- Aus dem Tunnel kommen Sie an einen wunderbaren Ort in der Natur, auf eine duftende, sonnige Wiese voller Leben, mit einem klaren Bach, der über die Steine plätschert.
- Plötzlich ändert sich Ihr Blick: Sie können die Energie sehen, die in allem enthalten ist. Sie selbst sind ganz durchsichtig aus glitzerndem Licht gebildet. Nichts erscheint mehr fest, sondern alles besteht aus Millionen von Lichtpartikeln, die in der Sonne funkeln.
- Jetzt erscheinen Lichtfäden, zart und fest wie Spinnweben, und sie verbinden Sie mit allem, was Sie sehen können. Sie sind ein Teil des kollektiven Bewusstseins der universellen Lebensquelle, ganz aus der Liebe und dem Licht gewoben, welches die gesamte Schöpfung vereint.
- Sie sind nicht nur mit allem Irdischen verbunden, sondern auch mit dem kosmischen Netz selbst. Die Engel Cassiel und Sahaquiel (Engel des Himmels) nehmen Sie an die Hand und erheben Sie zum Himmel. Die Lichtfäden verbinden Sie durch den Äther mit dem gesamten Sonnensystem und den Sternen. Sie sind wahrhaftig ein Teil des Universums! Sie lassen Licht und Liebe durch die Fäden ins Universum fließen und auf dem gleichen Weg fließt Energie zu Ihnen zurück. So schließt sich der Kreis der spirituellen Erneuerung.
- Die Engel geleiten Sie sanft durch den Tunnel zurück und erinnern Sie daran, dass Sie durch diese Übung jederzeit das Licht anziehen und die Dunkelheit abweisen können.
- Danken Sie den Engeln, kehren Sie ganz zurück und öffnen Sie langsam Ihre Augen..

EIN GEBET AN DIE ENGEL

„Seraphis Bey, aufgestiegener Meister und Engel,
leite meine Gedanken und meine Gefühle himmelwärts.
Bringe mich in Einklang und Kommunion
mit der Macht der Engel.
Lass sie noch vollständiger in mein Leben treten,
Auf dass ich ihre Gegenwart in allem,
was ich tue, anerkenne und erkenne;
Auf dass ich sie spüren möge
in jedem Wort, welches aus meinem Munde kommt;
Auf dass ich sie fühle in jedem meiner Gefühle;
Auf dass ich sie erfahre
in meinen Gedanken und in meinem Leben.

Kommt näher, Engel!
Kommt in den heiligen Raum und seid bei mir
In meiner Kontemplation und Meditation.
Hüllt mich in eure sanften, weißen Flügel,
Schützt mich vor den Widrigkeiten des Lebens
und haltet mich rein, klar und sicher.
Legt mir eure beruhigende Hand
auf die umwölkte Stirne, tröstet meinen Geist
Und mein Herz mit euren Küssen,
befreit mich von Leid, kommt in mein Leben,
Himmlische Lichtwesen, mit all eurer Schönheit
und euren Wundern,
Auf dass ich sehe und es wohl weiß."

Rituale und Gebete der Aufgestiegenen Meister
von Edwin Courtenay

Harmonie mit der Natur und den Elementen

„Möchte blühen mit vielen Zweigen, nur um mit allen mich einzureigen, in die einige Harmonie...“
Mir zur Feier von Rainer Maria Rilke

ENGEL FÜR WILDTIERE. Bis vor kurzem fühlte der Mensch sich den wilden Tieren überlegen und daraus entstand viel Grausamkeit. Früher hielt man die Idee für absurd, dass Tiere Empfindungen haben. Vor wenigen Jahrhunderten traute man ja selbst Frauen kaum Denk- oder Empfindungsvermögen zu. Doch inzwischen halten es glücklicherweise die meisten von uns für wichtig, die Tierwelt zu achten und in Harmonie mit unserer Umwelt zu leben. Wenn Sie den wilden Tieren helfen wollen, können Sie Thuriel, den Engel der Wildtiere; Arael, den Engel der wilden Vögel; Arariel, den Engel der Fische oder Manakel, den Engel der Wasserwesen anrufen.

NATURENGEL. (Nicht zu verwechseln mit den Feen, Devas oder Elementarwesen, die auch faszinierend sind, aber anders.)

Viele von uns finden Trost und Frieden in der Natur, sei es bei einem Spaziergang, beim Segeln oder beim Gärtnern. Es gibt viele Engel der Natur, an die wir uns wenden können, z. B. Zuphlas, den Engel der Wälder. Bäume versorgen uns mit lebenswichtigem Sauerstoff und halten das Gleichgewicht auf unserem Planeten aufrecht. Bitten Sie Zuphlas, die Bäume gut zu versorgen, damit sie kräftig wachsen. Sachluph, der Engel der Pflanzen, lässt Wildblumen wachsen. Sahaquiel ist der Engel des Himmels, der in der Atmosphäre wirkt und auch unseren persönlichen Horizont erweitern kann.

Jede Jahreszeit hat ihre Engel. Telvi hütet den Frühling, Casmaran den Sommer, Andarcel den Herbst und Farlas den Winter. Bitten Sie sie um Hilfe, falls Sie um eine bestimmte Zeit draußen etwas unternehmen wollen.

Schamschiel hilft den Gärtnern. Dieser mächtige Engel sorgt für den Garten Eden und das Paradies und Sie können ihn um Hilfe bitten, wenn Sie einen Garten anlegen oder etwas von dauerhafter Schönheit erschaffen möchten.

Sachluph wird Ihre Blumen und Sträucher wachsen lassen, während Sofiel dem Obst und Gemüse hilft. Matriel ist der Engel des Regens und kann Heilung durch das Element Wasser bringen, genau wie Ariel. Wenn eine Pflanze dahinsiecht, halten Sie sie und bitten Sie Ariel, ihr durch Erde, Wasser oder Luft Heilung zukommen zu lassen.

Einen heiligen Platz im Freien erschaffen

Vielleicht haben Sie ja bereits für sich einen heiligen Platz in Ihrem Heim angelegt. Das Gleiche können Sie auch im Freien in Ihrem Garten tun, einen Platz für einen Engel Ihrer Wahl erschaffen. Sie brauchen dafür nur 20 Minuten ungestörte Ruhe.

DIE ELEMENTE. Bei allen Arten von Heilung sollten Sie versuchen, die vier Elemente zu repräsentieren, sowie Stein und Metall, wenn es Ihnen angemessen erscheint. Erde und Luft sind natürlicherweise bereits präsent. Aus Steinen oder Keramik können Sie etwas für das Element Wasser bauen. Wenn Sie kein richtiges Feuer machen möchten, können Sie es durch eine Skulptur oder einen entsprechenden Kristall symbolisieren. Bergkristall oder Bernstein symbolisieren die Sonne und sollten deswegen in einen Kreis gestellt werden, den Sie in den Boden ritzen oder in den Sand harken. Wenn Sie Platz dafür haben, können Sie einen Stein- oder Metallbogen kreieren mit einem Sitzplatz darin, zum Entspannen und Meditieren.

DIE WAHL DES ENGELS. Wählen Sie jetzt denjenigen unserer sieben Hauptengel, der Ihre Bedürfnisse am besten repräsentiert. Sie können für diesen Engel dann noch etwas Besonderes hinzufügen, z. B. einen Caduceus für Raphael, oder das entsprechende Planetensymbol. Sie können dieses Symbol in einem Beet anpflanzen oder in Stein gravieren oder es aus Metall formen und an einem Baum aufhängen.

DIE PFLANZEN. Viele Pflanzen können die Invokation des von Ihnen gewählten Engels und die Präsenz der Engel im allgemeinen unterstützen. So rufen Hyazinthen und Jasmin die Engel durch ihren Duft. Kräuter haben auch bestimmte Bedeutungen: Salbei reinigt zum Beispiel und Thymian verleiht Kraft und Mut. Für Zadkiel würden Sie dunkelblaue und blauviolette Blumen wählen wie Stiefmütterchen, Iris und Anemonen, für Haniel würden Sie rosa Rosen und Geißblatt pflanzen. Es gibt viele Möglichkeiten, um für einen speziellen Engel einen heiligen Platz im Freien zu schaffen.

Meditation mit den Engeln der Elemente für innere Heilung und Harmonie

„Sei still und wisse, Ich bin Gott.“ Essener Gebet

Bereiten Sie sich wie üblich auf die Meditation vor:

- Atmen Sie tief, öffnen Sie Ihre Chakren und erden Sie sich mit Wurzeln tief in den Boden.
- Wenden Sie sich nach innen und sehen Sie sich auf einem Hügel über einer schönen Landschaft. Die Luft ist klar und kühl. Atmen Sie sie tief ein. Der Blick in die Weite wird Tränen in Ihre Augen treiben – lassen Sie sie fließen, das wird Ihnen Erleichterung bringen.
- Plötzlich flattert eine Taube in Ihr Blickfeld und führt Sie auf einem Weg den Hügel hinab und in ein Tal. Sie vernehmen den Klang von Wasser und während Sie um eine Kurve gehen, sehen Sie einen Bach und dahinter einen kleinen Wasserfall.
- Hinter dem Wasserfall entdecken Sie eine Höhle aus weißem Marmor. Darin sehen Sie den Engel Cassiel sitzen. Er lädt Sie in die Höhle ein und will sich Ihrem inneren Frieden widmen. Als Sie zu ihm treten, erfüllt Sie ein wunderbares Licht, welches die Bereiche in Ihnen betont, die der Heilung bedürfen.
- Dann sehen Sie Phuel, den Engel des Wassers. Er bittet Sie, unter den Wasserfall zu treten. Das sprühende Wasser spült alle Negativität aus Ihnen heraus. Sie fühlen sich besänftigt, gereinigt und wie neugeboren.
- Nun gehen Sie weiter in die Höhle hinein. Uriel, der Engel des Feuers, hält eine brennende Kerze in der Hand. Bitten Sie Uriel, Sie mit diesem heiligen Feuer zu umgeben. Spüren Sie, wie die Flamme in Ihr Kronenchakra eintritt und durch alle Chakren fließt, Blockaden beseitigt und alte Wunden reinigt und heilt. Die Energie fließt dann aus Ihrem Wurzelchakra und Sie fühlen sich körperlich und geistig leichter.
- Jetzt erscheint Ariel. Bitten Sie ihn um Unterstützung, während Sie Erdenergie in sich ziehen und damit alle durch den Reinigungsprozess entstandenen Hohlräume heilen. Spüren Sie, wie eine Welle blauvioletter Energie durch Ihre Beine und durch alle Chakren aufsteigt, bis sie aus Ihrem Kronenchakra austritt. Ziehen Sie dann goldene Energie von Ihrem Kronenchakra bis zu Ihren Zehen, um die Heilung zu besiegeln. Danken Sie den Engeln der Elemente und kehren Sie zu Cassiel zurück. Jetzt gibt es keine Schatten mehr in Ihnen, wenn Sie bei ihm im weißen Licht stehen – Sie sind ein Kind des Lichts.
- Kehren Sie langsam zu Ihrem normalen Bewusstsein zurück. Schließen Sie Ihre Chakren, versiegeln und schützen Sie sie und danken Sie allen beteiligten Engeln.

Raphael: Heilung, Energie und Erkenntnis

Raphaels Name bedeutet „Gott hat geheilt“. Er herrscht über die Sonne, den zweiten Himmel und den Westwind. Er hütet den Baum des Lebens und der Erkenntnis im Garten Eden. Seit alter Zeit ist er für die Heilung der Erde verantwortlich. Die heiligen Texte erzählen, dass durch ihn die Erde bewohnbar wurde und er auch alle menschlichen Übel zu heilen vermag. Die Legende sagt, dass er nach der Sintflut Noah Raziels Buch des Wissens und der Erkenntnis übergab, damit Noah danach die Welt neu aufbauen könne.

Wir alle bestehen aus Energie und werden mit der Fähigkeit geboren, entweder die Welt anzunehmen (positiv zu sein) oder ihr den Rücken zuzukehren (das Negative dominieren zu lassen). Im Krankheitsfall verschreiben die Ärzte Medizin gegen die Symptome, aber die Wurzel des Problems sitzt oft tiefer. Beim Essen und Atmen findet ein Energieaustausch mit unserer Umgebung statt. Was und wie wir aufnehmen ist gleichermaßen wichtig. Viele Menschen atmen zu flach, dadurch nehmen sie nicht genügend Energie auf, andere ernähren sich mangelhaft. Auch Stress beeinflusst unser Wohlergehen. All diese Faktoren können unsere Chakren erschöpfen und damit unserer Gesundheit schaden. Die Engel können uns helfen, diese Negativität loszuwerden.

Raphael ist in diesem Zusammenhang der wichtigste Engel. Wir können ihn auch bitten, uns bei der Heilung der Erde zu helfen, inklusive der Atmosphäre und Meere. Man sagt, dass Heilung ein Geschenk des Geistes sei und aus der universellen Quelle komme, also aus Licht und Liebe, den beiden machtvollsten Kräften des Kosmos. Wir sind alle von diesen Energien umgeben. Spirituelle Heiler können sie in sich selbst und andere leiten, aber eigentlich ist mit dem entsprechenden Fokus und der richtigen Geisteshaltung jeder in der Lage, ein wenig dieser Energie anzuzapfen. Die Strahlen können aufgenommen werden, um die Chakren, das Immunsystem und die Selbstheilungskräfte des Körpers zu stärken.

Raphaels Kristalle sind Diamanten und Bergkristalle. Sie verleihen auf allen Ebenen Energie und entwickeln verborgene Talente.

Raphaels goldene Kugel der Heilung

„Ich bin der Engel der Sonne,
Dessen Flammenräder sich in Gang setzen
Wenn Gottes allmächtiger Atem
In Dunkelheit und Nacht spricht:
Es werde Licht! Und es ward Licht.
Ich bringe die Gabe des Glaubens.“ The Golden Legend – Raphael, von Henry Wadsworth Longfellow

Wenn Sie unsere Meditationen gemacht haben, wissen Sie bereits, wie Sie Heilung in Ihre eigenen Energiezentren bringen können. Jetzt könnten Sie einmal versuchen, jemand anderem Heilungsenergie zukommen zu lassen. Vielleicht hat das nicht den gleichen Effekt wie bei einem ausgebildeten Heiler, aber es ist auf jeden Fall hilfreich.

- Setzen Sie sich ruhig hin und wenden Sie sich nach innen.
- Atmen Sie ein paar Mal tief durch und bitten Sie Raphael, Sie mit der goldenen Heilungsenergie der Sonne zu umgeben.
- Öffnen Sie Ihren Zentralmeridian und damit all Ihre Chakren.
- Spüren Sie, wie eine Kugel goldener Energie (etwa so groß wie ein Tennisball) herabschwebt und durch Ihr Kronenchakra nach unten sinkt. Seien Sie sich dabei bewusst, dass Sie um Heilungsenergie und Liebe für eine andere Person bitten.
- Wenn die Energiekugel Ihr Herzchakra erreicht, lassen Sie sie durch Ihre Liebe zu der Größe eines Fußballs anschwellen. Dann sinkt sie weiter nach unten bis zum Wurzelchakra.
- Wenn die Kugel aus Ihrem Wurzelchakra austritt, nehmen Sie sie in beide Hände. Sie können die Energie zwischen Ihren Handflächen spüren.
- Bitten Sie Raphael um Hilfe, diese Energie zu der bedürftigen Person zu senden und bitten Sie den Schutzengel der betreffenden, die Energie zu deren Besten einzusetzen.
- Sagen Sie den Namen der Person und dreimal: „In Liebe und Licht“ und bringen Sie dabei sehr langsam Ihre Handflächen zueinander. Visualisieren Sie dabei, wie die Energie zu der Person fließt. Wenn Sie fertig gesprochen haben, liegen Ihre Hände aneinander, wahrscheinlich in Gebetshaltung. Danken Sie den Engeln für die Unterstützung.

Eine Reise in einen Aquamarin: Eine blaugrüne Visualisierung der emotionalen Heilung

Setzen Sie sich bequem hin und halten Sie, wenn möglich, einen Aquamarin oder einen anderen blaugrünen Kristall in der linken Hand. Atmen Sie lang und tief, bis Sie ganz entspannt sind. Visualisieren Sie eine schützende goldene Lichtkugel um sich herum. Verankern Sie sich mit Ihren Wurzeln in der Erde.

Rufen Sie nun Phuel, den Herrn der Wasser, Mondkräfte und Gezeiten (und damit auch unserer Stimmungen). Phuel steht mit dem Aquamarin („Meereswasser") in Verbindung, einem Stein der Emotionen und Talisman für Seereisen.

Nehmen Sie den Engel an die Hand und stellen Sie sich vor, sie werden beide ganz klein und gehen in den Stein. Sie sind ganz von diesem blaugrünen Licht umgeben. Plötzlich klärt sich Ihr Blick und Sie stehen am Strand eines türkisfarbenen Meeres. Der Himmel wölbt sich tiefblau über Ihnen. Die Sonne scheint und die klaren Wellen laufen sanft auf das sandige Ufer.

Auf einmal sehen Sie Delphine, die auf Sie zuschwimmen. Sie zählen sie – von eins bis sieben – und fühlen sich dabei zunehmend friedlicher und entspannter. Sie fühlen sich von ihnen gerufen und spüren die Liebe, die sie ausstrahlen. Sie waten in das Wasser zu ihnen. Die Delphine bilden einen Kreis um Sie und senden Ihnen aquamarinfarbene Energie.

Bitten Sie jetzt Phuel um Hilfe, diese emotionale Heilung annehmen zu können, die Ihnen angeboten wird. Sie spüren die sanfte, heilende, kristalline Energie, die Sie wie das Meer umspült. Lassen Sie dieses Blaugrün ganz durch sich hindurch fließen und allen Ärger, Sorgen, Verzweiflung und Kummer wegwaschen. Nutzen Sie diese Energie, um auf Ihre innere Stimme zu lauschen. Entscheiden Sie sich, wie Sie sich in Zukunft fühlen und wie Sie mit den Ursachen Ihrer emotionalen Verstrickungen von nun an umgehen wollen. Nach einer Weile fühlen Sie sich erleichtert und wie neugeboren. Danken Sie den Delphinen für ihre Fürsorge und gehen Sie zurück an den Strand. Zählen Sie dabei die Delphine rückwärts, von sieben bis eins.

Bitten Sie Phuel und Raphael, die empfangene Heilung zu besiegeln und kehren Sie langsam zu Ihrem normalen Bewusstsein zurück. Danken Sie den Engeln für ihre liebevolle Hilfe.

Gesundheit und Wohlbefinden

„Engel sind nicht das Ziel, sondern der Weg dorthin. Auch reisen sie nicht für uns, sondern sind uns auf der Reise behilflich." The Fragrant Heavens, Valerie Ann Worwood

Heute, im einundzwanzigsten Jahrhundert, achten mehr Menschen als je zuvor auf die Qualität ihrer Nahrung und einen gesunden Lebensstil. Raphael ist auch der Engel des Wissens und der Erkenntnis und kann Ihnen dabei helfen, den Schlüssel zu Ihrem persönlichen Wohlbefinden zu finden. Darüber hinaus gibt es jedoch noch weitere Engel, die Sie um Hilfe bitten können.

- VITALITÄT, ALTER UND ALLGEMEINES WOHLBEFINDEN.
- Rehael ist der Engel der Langlebigkeit. Sie können ihn für sich selbst und für andere um Hilfe bitten.
- Hamaliel hilft allgemein bei Fragen der Gesundheit.
- Muriel kann angerufen werden, wenn es um das Altern geht. Muriel kann den Energiefluss durch Ihren Körper stärken und in Ihre Drüsen und Organe lenken, damit Sie von dem, was Sie aufnehmen, größtmöglichen Nutzen haben.
- Uriel, der Engel des Feuers, hilft Raphael bei der Heilung der Menschheit. Neben spezifischen Heilungen, an denen Feuer als Element beteiligt ist, hilft er auch bei der Selbsttransformation.
- Phuel, Herr der Wasser, ist vor allem bei emotionalen Themen hilfreich.
- Ariel, einer der Herrscher der Lüfte (und der Erde) hilft bei allen Problemen, die mit Luft zu tun haben (z. B. Atmungsorgane und Erschöpfung). Rauchquarz hilft, negative Energie zu absorbieren.
- Wenn Ihre Gesundheit durch Ihre Ernährung (auch Nahrungsmittelallergien) beeinträchtigt wird, bitten Sie Isda, den Engel der Ernährung um Rat. Isda kann Ihnen z. B. durch Auspendeln helfen herauszufinden, ob es Ihnen an irgendetwas mangelt. Bei Heißhungerattacken können Sie Isda bitten, Ihren Appetit zu drosseln oder Ihnen in der Versuchung beizustehen.

Auch Achaiah, der Engel der Geduld und der Naturgeheimnisse kann hier hilfreich sein, z. B. um homöopathische Mittel auszutesten.

ENGELENERGIE ALS GESCHENKE FÜR BEDÜRFTIGE. Wenn Sie das Prinzip verstanden haben, wie Sie eine Kugel goldener Heilungsenergie einem anderen Menschen schicken können, probieren Sie es doch einmal mit folgenden Möglichkeiten:

- Erzeugen Sie mit Haniels Hilfe eine Kugel tiefrosafarbener Energie und schicken Sie sie jemandem, der Liebe braucht.
- Bitten Sie Zadkiel um eine Kugel tiefblauer Energie und senden Sie jemandem Fülle.
- Mit Michaels Hilfe können Sie in Grün Wachstum und in Kobaltblau Schutz schicken.
- Eine karmesinrote Kugel trägt mit Camaels Hilfe Energie und Stärke in sich.

EINE ENGELSGESCHICHTE. Vor etwa einem Jahr gab ich einer medial sehr begabten Frau namens Heather eine Heilung (ich bin Reiki Seichem Lehrerin und Heilerin). Am Anfang der Sitzung bat ich wie gewöhnlich im Stillen um den Schutz des Meisters St. Germain und der Engel der silbervioletten Flamme. Ein wenig später bat ich Raphael um Hilfe bei dieser Heilung. Die Energie wird spürbar stärker, wenn man die Engel dazu bittet.

Hinterher fragte ich Heather nach ihrem Eindruck. Es sei sehr kraftvoll gewesen, antwortete sie. Sie hatte viele Farben gesehen und vor allem das Element Wasser wahrgenommen. Sie sah sich im Meer, umgeben von Delphinen, was ihrem Bedürfnis nach emotionaler Heilung entsprach. Sie hatte das Gefühl, als würde Wasser über sie fließen. Ganz am Anfang sei auch ein Engel zu der Heilung gekommen. Das war in dem Augenblick, als ich Raphael eingeladen hatte. Sie sah auch einen Regenbogenengel. Das war interessant, denn die Seichem-Heilung arbeitet mit Regenbogenfarben, welche durch die Hand des Heilers fließen. (Vor kurzem wurde mir mitgeteilt, dass es sich hierbei um Melchisedek handelt, der den Regenbogen als Symbol hat.)

Engel-Heilungen mit Düften und Ölen

Das Wissen um das Heilen mit elementaren Energien ist Jahrtausende alt. Man nimmt an, dass schon im alten Ägypten mit Kristallen und Aromaölen geheilt wurde. Dieses Wissen wird heute wiederentdeckt.

ENGEL UND AUFGESTIEGENE MEISTER. Die Aufgestiegenen Meister sind vollkommene Seelen, die einmal wie wir waren, doch nach vielen Inkarnationen ihr Karma vollendet haben und nicht mehr auf Erden leben müssen. Zusammen mit den Engeln stehen sie Gott sehr nahe und helfen allen, die ihre Unterstützung annehmen.

Viele dieser MeisterInnen arbeiten eng mit den Engeln zusammen. Sie verwenden auch die Schwingungen der Farbstrahlen, um uns bei bestimmten Lebensthemen zu helfen und uns auf unserem Weg zu bedingungsloser Liebe zu unterstützen.

Die folgenden drei MeisterInnen arbeiten besonders mit den, in diesem Buch erwähnten Engeln zusammen und können mit ihnen zusammen in Meditationen oder Ritualen angerufen werden. Farb- und Kristallessenzen können die Verbindung noch stärken.

SERAPIS BEY (s. S. 75) steht mit dem Engel Seraphiel in Verbindung. Farbstrahl: Reinweiß/Sternenfeuer. Hilft bei der Heilung von Karma und wirkt ausgleichend bei Freude und Traurigkeit, erweitert Ihr Potential und bringt Sie durch die Kraft der Liebe, der Freude, des Staunens und der Weisheit den Engeln allgemein näher.

ST GERMAIN (s .S. 33) steht mit dem Engel Melchisedek in Verbindung. Farbstrahl: Silberviolett. Hüter des silbervioletten Feuers und der Engel der silbervioletten Flamme. Bringt Möglichkeiten zur spirituellen Verwandlung, stärkt die Verbindung zu Gott und den himmlischen Sphären und transmutiert alle negative, dunkle Energie in Ihnen und um Sie herum in positives, weißes Licht.

KUAN YIN (s. S. 52) steht mit der himmlischen Mutter Pistis Sophia in Verbindung. Farbstrahl: Orange/Rosa. Hilft, reine Liebe und Mitgefühl für das Leiden der Welt zu entwickeln. Bringt Heilungsenergie zusammen mit einem Gefühl der Einheit mit Gott, den Engeln, dem Universum und der gesamten Schöpfung.

ANRUFUNG DER ENGEL MIT DÜFTEN. Düfte haben genauso eine Wirkung wie Kristalle. Manche rufen die Engel regelrecht zu uns. Wir wissen nicht, wie das funktioniert, sei es, dass die Düfte dem Engelreich selbst nahe stehen oder dass sie den Engeln unser Bedürfnis nach Kommunikation klarer vermitteln. Nelke, Weihrauch, Narzisse, Hyazinthe und Rose sind solche Düfte, die Engel „rufen". Sie können bei Ihrer Meditation eine parfümierte Kerze abbrennen oder eine Duftlampe verwenden. Genauso wie bei den Kristallen können Sie sich auch einfach von Ihrer Intuition zu bestimmten Düften führen lassen.

AROMAÖLE FÜR HEILUNGEN. Eine Chakraheilung erreicht eine tiefere Ebene, wenn Sie die entsprechenden Öle verwenden. Hier sind ein paar Beispiele, aber es gibt noch viel mehr:

Wurzel	*Körperkraft, Selbstbewusstsein, Überleben, Vergebung.* Patchouli, Rosenholz, Thymian für Mut (bei Schwangerschaft nicht verwenden).
Sacral	*Sexualität, Kreativität, Sinnlichkeit, Intimität.* Sandelholz, Benzoe, Kiefer für Kreativität.
Solar Plexus	*Leistung, Kontrolle, Selbstbild.* Ylang Ylang, Limone, Ingwer für Tatkraft.
Herz	*Liebe, Mitgefühl, Hingabe, Akzeptanz.* Jasmin, Rose.
Hals	*Wahrheit sprechen und hören, Spontaneität.* Kamille, Zypresse.
Drittes Auge	*Weisheit, Unterscheidungsvermögen, spirituelle Visionen.* Hyazinthe, Zedernholz, Rosmarin (bei Schwangerschaft nicht anwenden). Muskatnuss zur Transformation alter Gedankenmuster.
Krone	*Kosmisches Bewusstsein, Wahrnehmung der Macht der Liebe und des Lichts.* Weihrauch, Rose, Lavendel, Neroli für spirituelles Wachstum.

Die Regenbogen-Meditation

Mit dieser letzten, kraftvollen Meditation können Sie sich spirituell und physisch in Harmonie bringen, Ihre Aura und all Ihre Chakren heilen, inneren Frieden und Entspannung finden und allgemein Ihr Wohlbefinden stärken.

- Atmen Sie ein paar Mal tief durch, entspannen Sie sich und wenden Sie sich nach innen. Bitten Sie Raphael zu sich und lassen Sie sich Wurzeln wachsen, um sich zu erden.
- Öffnen Sie Ihre Chakren, visualisieren Sie die Farben.
- Ziehen Sie die Energie der universellen Quelle durch alle Chakren bis zu den Zehen. Senden Sie sie durch Ihre Füße in die Erde. Sehen Sie innerlich den Erdball vor sich und stellen Sie sich vor, wie die Heilungsenergie um ihn herum fließt.
- Jetzt stellen Sie sich im Geiste auf einen heiligen Hügel. Bewundern Sie die herrliche Landschaft – das Werk unseres Schöpfers. Atmen Sie tief die frische, belebende Luft ein.
- Unterhalb des Hügels ist ein Baumhain. Sie gehen dorthin und sobald Sie in seinen Schatten eintauchen, umgibt Sie sofort seine Ruhe und Stille. Sie gehen hindurch und auf der anderen Seite empfängt Sie wieder das warme Sonnenlicht. Vor Ihnen steht eine riesige Kristallpyramide und das Sonnenlicht bricht sich in allen Regenbogenfarben darin.
- Neben der Pyramide warten Raphael, Ariel und Melchisedek auf Sie. Sie winken Sie näher und als Sie vor der Pyramide stehen, öffnet sich ein Tor in ihr.
- Sie treten ein. In der Mitte brennt die hellblaue, ewige Flamme. Dort bitten Sie um eine Heilung der Erde, des Himmels und des Regenbogens, in deren höchstem Sinne.
- Aus der Erde bringt Ariel blauviolette Energie in Ihr Wurzel-Chakra und von oben fließt goldene Energie von Raphael und der Sonne in Ihre Krone. Nun erfüllt Melchisedek die Pyramide und Sie selbst mit allen Farben des Regenbogens. Spüren Sie, wie jede Farbe in das entsprechende Chakra strömt, bis alle sieben vor Licht glühen und in Ihre Aura strahlen. Sehen Sie, wie Ihre Aura anfängt zu funkeln. Sie fühlen sich voller Gesundheit und Vitalität.
- Bitten Sie die Engel jetzt, Sie in Ihren physischen Körper zurückzubringen. Ihre Chakren sollten jetzt farbiger und ausgeglichener sein.
- Atmen Sie dreimal tief durch, um sich zu erden und in das normale Bewusstsein zurückzukehren.
- Wenn Sie soweit sind, schließen Sie alle Chakren und senden Sie Raphael, Ariel und Melchisedek Liebe und Licht als Dank für ihre Hilfe.

Engel-ABC

Im Verlauf dieses Buches haben wir Engel für die verschiedensten Situationen vorgeschlagen, trotzdem haben wir viele noch gar nicht erwähnt. Vielleicht finden Sie hier Engel, die Ihnen helfen können:

Anpassungsfähigkeit – *Ambriel*
Befreiung – *Pedael*
Berge – *Rampel*
Bestimmung – *Oriel*
Blitz – *Barakiel*
Einsamkeit – *Cassiel*
Empfängnis – Lailah
Erde – *Ariel oder Michael*
Erkenntnis – *Zadkiel, Raphael, Raziel*
Erlösung/Errettung – *Haurvatat*
Ernährung (physisch und spirituell) – *Isda*
Feuer – *Uriel oder Nathaniel*
Fische – *Arariel oder Rahab*
Freude – *Raphael oder Gabriel*
Freier Wille – *Tabris*
Freundschaft – *Mihr*
Frieden – *Michael, Raphael, Gabriel, Phanuel*
Fruchtbarkeit – *Yusamin*
Früchte/Obstbäume/Gemüse – *Sofiel*
Frühling – *Spugliguel*
Gebärmutter – *Armisael*
Gebet – *Metatron*
Gedächtnis – *Zadkiel*
Geduld – *Achaiah oder Tual*
Gerechtigkeit – *Zadkiel*
Geschäftsbeziehungen – *Hamaliel*
Glauben an sich selbst – *Machidiel*
Glück – *Yofiel*
Glück (als Gegenteil von Pech) – *Barakiel*
Gnade/Anmut – *Rachmiel*
Heilung/Gesundheit – *Raphael oder Hamaliel*
Heldentum – *Narsinha*
Herbst – *Torquaret*
Himmel – *Sahaquiel*
Hoffnung – *Phanuel oder Gabriel*
Impulsivität – *Machidiel*
Individualität – *Machidiel*
Intuition – *Barakiel*
Kommunikation – *Michael oder Ambriel*
Kraft (psychische) – *Camael*
Kunst – *Radueriel*
Licht – *Gabriel oder Mihr*
Liebe – *Haniel oder Rahmiel*
Loyalität – *Verchiel*
Luft – *Casmaron oder Ariel*
Lyrik – *Israfel oder Vretil*
Mitgefühl – *Rachmiel*
Musik – *Israfel*
Mut/Tapferkeit – *Verchiel oder Camael*
Mysterien – *Raziel*
Norden – *Uriel*
Ordnung – *Sadriel*
Optimismus – *Adnachiel*
Problemlösungen – *Michael oder Ambriel*
Psychische Entwicklung – *Barakiel oder Ariel*
Regen – *Matriel*
Reisen – *Susubo*
Reue – *Phanuel oder Michael*
Schlaf – *Michael*
Sicherheit – *Tual*
Stärke – *Michael oder Zeruch*
Süden – *Raphael*
Tageslicht – *Schamschiel*
Tiefe (Gewässer) – *Rahab*
Tiere (wilde) – *Thuriel*
Tiere (zahme) – *Hariel*
Tränen – *Cassiel oder Sandalphon*
Träume – *Gabriel*
Verborgenheit – *Muriel*
Vergesslichkeit – *Purah*
Verletzlichkeit/Empfindsam-keit – *Muriel*
Verlorene Dinge – *Rochel*
Vielseitigkeit – *Ambriel*
Visionskraft – *Adnachiel*
Vögel (wilde) – *Arael*
Vögel (zahme) – *Tubiel*
Vorstellungskraft – *Barakiel*
Wälder und Bäume – *Zuphlas*
Wahrsagen – *Eistibus*
Wasser – *Phuel*
Weisheit – *Zagzagel, Pistis Sophia, Metatron*
Westen – *Gabriel*
Winter – *Amabael*
Wohlwollen – *Zadkiel*
Zeit – *Eth*
Zielstrebigkeit – *Machidiel*
Zorn (berechtigter) – *Camael*
Zukunft – *Isiaiel*

Angela McGerr

Harmonie Engel Karten

Für diejenigen, denen das Buch Lust gemacht hat, die Kraft der Engel im eigenen Leben wirken zu lassen, bieten die Karten mit den Bildern von Richard Rockwood, den idealen Zugang von der intuitiven Seite her. Sie spiegeln das Wesentliche jedes Themas und lassen doch der eigenen Phantasie genügend Raum. Sie können zum Beispiel täglich die Karte für den Tag ziehen. So entwickeln Sie ein intensives Gespür für die energetische Qualität des jeweiligen Engels oder der Wesenheit. Oder Sie halten sich an die, anhand von Beispielen beschriebenen Legesysteme, die Ihnen helfen, ein Thema oder Problem von einer höheren Warte aus zu betrachten. Die Legesysteme, eine Kurzübersicht über die vier Kartensets und ausführliche Beschreibungen zur Bedeutung der einzelnen Karten finden Sie in dem Begleitbüchlein.

€ 17,95

ISBN3-936862-40-0

Sayama

Harmony of Angels

Himmlische Musik mit Engels-Chören und Gregorianischen Chorälen, Gitarre, Piano, Flöten und orchestralen Klängen, gestimmt auf den Ton der Venus. Wie der Flügelschlag eines liebevollen Engels berührt und öffnet sie sanft das Herz.

€ 19,50

ISBN 3-936862-47-8